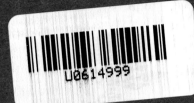

全椒古代典籍叢書

吴國縉集（外一種）

1

（清）吴國縉 撰

政協全椒縣委員會 編
國家圖書館出版社

圖書在版編目(CIP)數據

吴國縉集:外一種:全六册 / (清)吴國縉撰;政協全椒縣委員會編. —北京:國家圖書館出版社,2020.12
(全椒古代典籍叢書)
ISBN 978 -7 -5013 -7211 -9

Ⅰ.①吴… Ⅱ.①吴… ②政… Ⅲ.①吴國縉—文集 Ⅳ.①Z429.48

中國版本圖書館 CIP 數據核字(2020)第 259035 號

ISBN 978-7-5013-7211-9

國家圖書館出版社
官方微信

書　　名　吴國縉集(外一種)(全六册)
叢 書 名　全椒古代典籍叢書
著　　者　(清)吴國縉　撰　政協全椒縣委員會　編
項目統籌　殷夢霞
責任編輯　張愛芳　張慧霞　司領超
封面設計　翁　涌

出版發行　國家圖書館出版社(北京市西城區文津街 7 號　100034)
(原書目文獻出版社　北京圖書館出版社)
010 -66114536　63802249　nlcpress@nlc.cn(郵購)
網　　址　http://www.nlcpress.com
排　　版　中睿智成(北京)科技有限公司
印　　裝　北京華藝齋古籍印務有限公司
版次印次　2020 年 12 月第 1 版　2020 年 12 月第 1 次印刷

開　　本　710 × 1000(毫米)　1/16
印　　張　130
書　　號　ISBN 978 -7 -5013 -7211 -9
定　　價　1800.00 圓

《全椒古代典籍叢書》學術委員會

主　　任：朱萬曙　黄靈庚

委　　員（按姓氏筆畫排列）：

王達敏　杜桂萍　苗懷明　周興陸

胡　敏　陳水雲　徐雁平　張　劍

裘新江　魯小俊　魏俊傑

《全椒古代典籍叢書》編審指導委員會

名譽主任：朱大綱　楊　光

主　　任：董光林

副 主 任：姚本山　張　華　姜志山　宇慶忠

馬宣傳　李　敬

總序

皖東全椒，地介江淮，壤接合寧，古爲吴楚分野，今乃中部通衢，建置歷史悠久，文化底蘊深厚。據《漢書・地理志》載，全椒於漢高祖四年（前二〇三）置縣，迄今已逾二千二百二十年。雖屢經朝代更替，偶歷廢易僑置，然縣名、治所乃至疆域終無巨變。是故國史邑乘不絶筆墨，鄉風民俗可溯既往，遺址古迹歷然在目，典籍辭章卷帙頗豐。

有唐以降，全椒每以文名而稱江淮著邑。名臣高士時聞於朝野，文采風流廣播於海内。本邑往哲先賢所撰經史子集各類著作并裒輯之文集，於今可考可見者，凡數百種一百七十餘家。其年代久遠者，如南唐清輝殿學士張洎之《賈氏譚録》、宋代翰林承旨吴幵之《優古堂詩話》《漫堂隨筆》；其聲名最著者，如明代高僧憨山大師（釋德清）之《憨山老人夢游集》、清代文豪吴敬梓之《儒林外史》； 至於衆家之鴻篇巨制、短編簡帙，乃至閨閣之清唱芳吟，舉類繁複，不一而足。又唐代全椒鄉賢武后時宰相邢文偉，新舊《唐書》均有其傳，稱以博學聞於當朝，而竟無片紙傳世，諸多文獻亦未見著録其作； 明代全椒鄉賢陽明心學南中王門學派首座戚賢，辭官歸里創南譙書院，經年講學，名重東南，《明史》有傳，然文獻中唯見其少許佚文，尚未見輯集。凡此似於理不合，贅言書此，待博見者考鏡。

雖然，全椒古爲用武之地，戎馬之鄉，兵燹頻仍，紳民流徙，兼之水火風震，災變不測，致前人之述作多有散佚。或僅見著録下落不明，或流散異鄉束之高閣，且溯至唐代即疑不可考，搜於全邑亦罕見一帙……倘任之如故，恐有亡失無徵之虞，亟宜博徵廣集，歸整編次。前代鄉先輩未嘗不欲求輯以繼往開來，然薪火絶續，非唯心意，時運攸關。

今世國運昌隆，政治清明，民生穩定，善政右文，全民呼應中華民族復興，舉國實施文化强國戰略。全椒縣政協準確把握時勢，以傳承發展中華優秀傳統文化爲己任，於二〇一七年發軔擔綱編纂《全椒古代典籍叢書》，獲全椒縣委、縣政府鼎力支持，一應人事財力，適時調度保障。二〇一八年十月，古籍書目梳理登記及招標采購諸事宜甫定，即行實施。

是編彙集宋初至清末全椒名卿學士之著述，兼收外埠選家裒集吾邑辭章之文集，宦游者編纂他邑之志書則未予收録。爲存古籍原貌，全套影印成册。所收典籍底本，大多散落國内各省市、高校圖書館及民間收藏機構，或流落海外，藏於日英美等異邦外域。若依文獻目録待齊集出版，一則耗時彌久，二則亦有存亡未定者，恐終難如願。爲搶救保護及便於閲研計，是編未按經史子集析分門類，而以著述者個人專題分而輯之，陸續出版。著多者獨自成集，篇短者數人合集，多則多出，少則少出，新見者續出。如此既可權宜，亦不失爲久遠可繼之策。全椒古籍彙集編纂，史爲首舉。倉促如斯，固有漏失，非求急功近利，實乃時不我待。拾遺補闕，匡正體例，或點校注疏，研發利用，唯冀來者修密，後出轉精。

賴蒙國家圖書館出版社承影印出版之任，各路專家學者屬意援手，令尋訪古籍、採集資料、版本之甄别、編纂之繁難變而稍易。《易》曰：『二人同心，其利斷金。』君子共識而遇時，其事寧有不濟哉？

文化乃民族之血脉，典籍乃傳承之載體。倘使吾邑之哲思文采，燭照千秋，資鑒後世，則非唯全椒一邑獨沾遺澤，亦可忝增泱泱中華之燦爛文明以毫末之光。編次伊始，略言大要，勉爲是序。全椒末學陸鋒謹作。

《全椒古代典籍叢書》編纂委員會

二〇一八年十月

前言

吴國縉（1603—1676），字玉林，號峙侯，安徽全椒人。吴國縉之生卒年，歷來皆以爲不詳。考《世書堂稿》卷六《甲午東莊初度》謂：『問阿今幾何，五十仍加二。』甲午爲清順治十一年（1654），這一年吴國縉五十二歲，由此可知他生於明萬曆三十一年（1603）。又卷九《丁酉九月朔，發棠邑，越十六生日，夜飲出城，月下漫賦》曰：『此日今年五十五，蒼鬚秃鬢人塵土。』丁酉乃順治十四年，於此亦可推其生年。另據［民國］《全椒縣志》，吴國縉得年七十四，故其當卒於清康熙十五年（1676）。

吴國縉乃吴沛第三子，著名文學家吴敬梓的曾祖父。吴氏於明崇禎十二年（1639）中舉，順治六年進士及第，九年殿試授文林郎。以吴氏之才華，本可在翰林院一展所長，可惜遭忌而去，後遍游山水，不久又被任命爲江寧郡教授。吴氏其人急公好義，感慨府學荒廢，於是慷慨解囊，還從家鄉運糧襄助。知府麻勒吉專門上疏，表彰他的作爲與才干，評價他『身端其範，士廪於繩』。[民國]《全椒縣志》還記載了諸如吕某客死异鄉，吴氏爲之料理喪事；崔某得吴氏資助，賴以生還；吴氏爲生員梅某雪冤；吴氏資助贖回江西難婦等俠義事迹。

吴國縉一生交友廣泛，與著名散文家侯方域、戲曲家李漁、小説評點家張竹坡之父張翢等皆有往來。胡銓《司城張公傳》曰：『公最重交游，嘗結同聲社，遠近名流，聞聲畢集。中州侯方域朝宗，時下負盛名，北譙吴玉林國縉，詞壇宗匠，皆間關入社，盛可知也。』此外，吴國縉對於戲曲表現出了异乎尋常的興趣。《世書堂稿》中寫有很多觀劇的詩篇，如卷七有詩曰《寓滁，飲湯令席》：『等閑易使良辰誤，況經陣雨榴花妒。昨宵兩部弄蘇昆，今日群公競章賦。謔笑直將天闔開，奇談不怕鬼閽怖。』明末清初正是昆曲鼎盛時期，滁州一帶亦流行昆曲，這些都是非常珍貴的戲曲史料。

吴敬梓的高祖吴沛有子五人，曰吴國鼎、吴國器、吴國縉、吴國對、吴國龍，五人皆一時俊彦，爲全椒吴氏的巔峰時期，可惜衹有吴國縉的詩集得以保存。此次我們編纂《吴國縉集》（外一種），收録吴國縉所撰《世書堂稿》及《詩韻更定》兩種文獻，另外吴昺乃吴國縉之侄，在吴氏家族中也占有重要地位，遂將上海圖書館所藏吴昺《博議書後》鈔本置於其後，以饗讀者。這三種文獻可以讓我們從另一個側面瞭解吴國縉的學術理念和文學觀念，對於全椒吴氏家族及『吴學』的研究都具有不可估量的價值。

《全椒古代典籍叢書》編纂委員會

二〇二〇年十二月

凡例

一、本集凡文獻三種，成書六册。其中吴國縉著述兩種，因吴昺乃吴國縉之侄，故將吴昺著述一種附録於《吴國縉集》之後。

二、本集所收各書，另撰有提要置於全書之前。

總目録

第四册

第五册

第六册

提要

一、詩韻更定

《詩韻更定》五卷，清吴國縉撰，清康熙間緑蔭堂刻本。該書名曰『詩韻』，實乃爲韻書之作，不專爲詩而設。張壽翁《事韻擷英序》曰『荆國、東坡、山谷，始以用韻奇險爲工。蓋其胸中蟠萬卷書，隨取隨有。儻記覽之博不及前賢，則不能免於檢閲，於是乎有詩韻等書。然其中往往陳腐，用之不能起人意』云云。此後遂有『詩韻』之名。是書每部之字分一選、二選、三選、汰字四類，大抵以最熟易押者爲上選，稍難用者次之，不常用者則汰除。

二、世書堂稿

《世書堂稿》二十三卷，清吴國縉撰，清順治十八年（1661）刻本。是書扉頁題『吴玉林先生世書堂稿，本衙藏板，書林韋敬山、王奉臺繡梓』。卷首有序言五篇、自序一篇。五篇序言分别署『順治庚子冬杪瀛海年弟左敬祖虔孫甫拜題於木天居』『順治辛丑重九前三日年社弟漢陽塞齋熊伯龍撰』『順治庚子春王年家晚弟范開文頓首拜撰』『順治辛丑花朝日六十六歲兄樸齋國鼎漫書於東墅客猌軒中』『順治十有八年正月望日弟國對頓首拜撰』，自記署『順治庚子冬正臘日吴子國縉記於世書堂竹窗之次』。此書皆收録詩，未見文録，殆四十卷本中文集遺落矣。自目録觀之，吴氏之詩遍及古樂府、詩經體、五七言古今體、回文、擬館課、詩餘諸體，可謂各體兼備也。此稿卷末有詩餘若干，皆爲《全清詞·順康卷》所未録，頗具文獻價值。

三、博議書後

《博議書後》，清吴㫤撰，清鈔本。此書著録爲《博議書後》，實則不止於此。此書内含《博議書後》《通鑑書後》《日知録》及詩文序、墓志、祭文、小賦多篇，實則吴氏詩文集之簡編也。《博議書後》《通鑑書後》及《日知録》乃吴氏讀《左傳》《國語》《資治通鑑》《日知録》

之筆記，其餘各篇皆從文集鈔出也。書末有吴氏家族墓志數篇，如《三兄葎園府君墓記》《清故待贈儒林郎候選州同知先兄同甫吴十五公行狀》《清故敕授文林郎原任福建汀州府寧化縣知縣候升主事先兄梅原吴大公行述》等，叙吴氏家族世系甚詳，史料價值極高。

第一册目録

（清）吴國縉 撰

詩韻更定五卷（卷一至三）

清康熙間緑蔭堂刻本

王阮亭先生校

詩韻更定

綠陰堂藏板

詩韻更定序

詩曷介介乎韻哉雖云美操非純絲不善其音雖云和吹非粹管不鑑其響詩必古唐韻必古沈可一不可二者彼夫天籟傳靈致夫山鳴谿應心聲鼓化叶乎鳳噦鸞吁

良其熟可遊神安能運變此敢筌蹄視哉蓋嘗諗之韻澁詩以格韻淺詩以庸韻率易而冗詩以襍劣而穢然沈氏當日隨筆筆之仍多蔓支亦貽沓沸取之則棘棟穀檀擇之則途鏞市鼓于顛番展玩不

揣倫脊進其雅當者退其險僻者
串其緒絡者晰其紊瀆者疏其疑
眩者庶不至於目磨齒戛拈一項
則瀑穿千石宛轉絲聯指類一則
磬叠重雲飄颺響續綱列而目張
旌揚而隊別然而未敢自信也質

諸海内謂是神爽而意得者乎人將曰可予不佞曰唯謂是臆裁而腕守者乎人將曰否予不佞亦曰唯

康熙著雍敦牂仲冬月鬱湖吴國縉玉林甫記於雞鳴山房

世書堂詩韻更定凡例 六則

一每韻中有字本同音而先後疊見者涉於紛沓如一東弓與公二冬琮與蹤之類今俱更定一處連編之取易查閱

一每韻中有字同音不同音同義不同者各有取用如一東侗與侗四支奇

與奇之類今俱更定各疏註之取易擇決

一每韻中有字音迥與本韻不相干涉襍出厖收頗費心目如四支移字離字已漸睽異惟字誰字更難參連今俱更定取其相近者剖爲各門串屬之仍括本韻之内有一選二選之别

一每韻中字義有出處甚繁該博甚衆不得簡略以滋疑慮今俱更定逐解極其詳確用者自知

一每韻中有一連音同十數字者有數字者有一二字者今俱更定以字多寡分序先後先多後寡取易擇用

一每韻中有險僻冷俗諸字詩人絕不

拈及一槩存録徒悭其贅如一東䍶

犝二冬𩦺䳉之類今俱更定凡不足取裁者摘出附于本韻之後雖屬淘

汰亦不敢竟為删除以開過于前賢

詩韻更定

參閱友人

王　潢 元倬　王弘祚 思齋　孫一致 惟一

鄧　旭 元昭　劉思敬 純之　胡士著 璞庵

杜　濬 于皇　郭　亮 卧侯　余國楷 雲樵

藍學鑑 資宸　張若羲 帶三　張安茂 子美

方孝標 樓崗　何　采 濮源　張　芳 菊人

姚文然 若侯　岳宏譽 聲聞　胥廷清 來公

成　性 我存　劉漢卿 依思　徐　珏 二玉

黃永 雲孫　徐惺 子星　羅光衆 天英

宮偉鏐 紫元　施維翰 研山　龔必第 天階

朱之翰 鶴門　戚藩 介人　黃宣泰 蘭巖

李宗孔 書雲　徐越 山琢　方咸亨 邵村

周而淳 古村　徐乾學 原一　姚文燮 經山

蔡祖庚 蓮西　夏人佺 敬浮　洪琮 谷玄

謝觀 叔賓　葉舟 天木　劉餘謨 艮[illegible]

葉樹德 輔長　羅德御 文載　白夢鼐 仲調

徐與喬 揚貢　張大垣 紫臣　王錫琯 又興

楊元勳聖培　葛天驊霜華　吳鳴珂耕方

蔡元宸靖公　許承宣力臣　吳興祚伯成

莊名弼立庵　●秦鉅倫　趙熢晃婁光

王家楨挺生　吳樹聲周旋　張茂枝因亓

方　舟泳思　陳　菁幼青　蔣士偉文玉

周士章吳坊　唐宇昭雲客　許承家師六

王　鉉澹石　施鳳翼子翔　吳履聲和仲

朱　英皋公　沈希孟子遷　羊世澤嵩鶴

許　庠宏儒　吳世基念祖　徐　哲山甫

李成瑛 渭陽　吳宗濂 文漄　方育盛 與三

吳芹 公采　龔賢 半千　張揔 南村

葉映榴 炳霞　張爲光 覲文　胡禹冀 螭瓚

吳珊 鄴侯　胡其毅 靜夫　盛符升 珍示

陳枚 簡矦　孫汝緝 引公　楊士元 甲先

王槩 安節　孫枝蔚 豹人　葉正蓁 應生

李楨 康侯　李如梓 孝叔　孫之英 偉千

柴鳳翔 天如　陶虞颺 賡臣　朱大乾 健偕

李毓英 天木　陳惟若 若茲　吳永極 錫予

盛運開肇熙　金輝鼎闇之　王錫命元簡

吳開祚公延　楊廷炤旭初　李震青雷

金鐸木公　吳鳴鳳瑞卿　朱衣

吳山靜子　曹廷柱石臣　金世仁潛五

詩韻更定

參閱學人

倪　粲闇公　陸起東晉公　白夢鼐孟新

吳之登升公　許　楷端木　沈希堯子寧

費　淵　施縉修羅浮　項　駿特士

黃虞稷俞邰　胡禹梁天碧　黃　煊子素

葉苐棠憇公　王　居　方　駿襄臣

姚　選俊生　佟世南友虞　葉繼本中燕

方　遇虔如　鄭文本　霍　翱子遠

吳　綎天一　黃　篪山子　徐元晉
王　基公績　徐元貞我正　王　風道先
姚若觀淑采　徐　穀疇吾　朱　豫介士
季　鐸子木　龔　翰聞斯　夏之時寅正
詹　淇雷澗　陳甡成捷公　盧　政敏公
凌　翰雲子　史　柱元禮　龐　駿中子
王綸珮　葉　冠命三　劉芳蔭震藩
况王音素同　翁濟濂聖復　徐　璟景玉
汪　燦　周爰諏紹臣　王　裕成公

曹風淳 簡在　趙　侗 玉冶　王若玉 古塘

陳應金　周鳴鑾 鶴胎　周鳴遠 佩和

程沂伊　劉漢章　王夢松

林　昉　白　采 子受　胡以寧 萬咸

宗之籚　柯　皕　田　綸 之英

王　炳 新章　俞純滋　李之端

陳奮新 長人　程弘烈 芭仕　鄭文升 愷士

何允謙　金　釆　張六吉

葉芾棠　趙　謙 盃之　余耀先

王　藻玉汝　史之淳　黃　捷

吳　琨寶樹　祝日吉　俞王爵

羅光忻　叢克敬祇公　羅振宗

曾必光一南　王　基　董三策

徐師岳偉文　吳　玉　胡惇如大淳

詩韻更定

受業宗姪

湛燕斯　傳鼎禹存

門壻

張芝秀眉紫　金鉞左黃　金錦製斯

朱大采章五

男

鉅民　章民　騰民

姪

牖民 晟 旦

勗 曅 昇

昱 暹吉 杲

懷吉 旻 昂

早

孫

雯延 霙延

世書堂詩韻更定卷之一目錄

上平聲

添一字 一東 共一百七十五字 選一百二十三字 汰五十二字

二冬 共一百一十四字 選七十字 汰四十四字

三江 共二十七字 選二十字 汰七字

四支 共四百卌四字 選二百九十三字 汰一百四十一字

五微 共七十字 選四十九字 汰二十一字

六魚 共一百零二字 選七十六字 汰二十六字

添三字 七虞 共二百五十四字 選一百八十二字 汰七十二字

八齊　共一百二十四字　一選八十二字　汰四十二字

九佳　共四十八字　二選三十四字　汰十四字

十灰（添一字）　共九十九字　選七十二字　汰二十六字

十一眞共一百六十二字　選一百二十四字　汰三十八字

十二文共七十三字　選五十字　汰二十三字

十三元共一百三十八字　三選一百字　汰三十八字

十四寒共八十三字　二選七十七字　汰六字

十五刪共四十三字　二選四十一字　汰二字

世書堂詩韻更定卷之一 上平聲

鄮湖吳國縉玉林甫編輯

一東

東○同徒紅切合也一曰爵名又齊也共也亦作仝銅赤金一曰金之一品桐木名櫧桐夏花紅如火又紫桐花如百合又刺桐又胡桐出西域淚可汗金銀僮男有罪曰奴奴曰童女曰妾本作童峒崆峒山名亦作空同當北斗山下筒竹名筩斷竹也與筒通用童未冠者又獨也又山無草木曰童又菀童艸瞳目瞳子侗倥侗無知也曈曈曨日欲出朣朣朧月欲出絧布名罿魚網艟艨艟戰船穜禾先種後熟衕通街詷共也一曰詉也戙繫船杙䑋舟名○隆力中切豐大也一曰物之中高癃罷也⿱壴隆鼓音籠盧紅切舉土器一曰笭也

所以畜鳥又包舉也　聾無聞　瓏禱旱王龍又玉聲玲瓏一曰風聲又明貌　礱磨也亦書作礲　朧

月出貌又朣朧月欲明　櫳檻也以養獸與龔通　嚨喉也　曨日出貌又曈曨日欲出　襱袴也

齊魯曰襱關西曰袴一曰裙　龐充實或作驡　龔房室疏處小曰牕闊遠曰龔通作櫳　○蒙

莫紅切玉女也即女蘿又稚也昧也又奄也又被也又欺也又太歲在乙曰旃蒙又鴻蒙自然元氣　濛

微雨或作霥　饛盛器滿貌　幪蓋衣也一曰下刑墨幪巾也又帡幪或作懞　髳草木蒙茸貌

朦朦朧月將入　曚曚曨日未明　矇童矇也一曰不明也　艨艨艟戰船亦曰蒙衝　夢不明

也曰夢夢亂也楚謂草中曰夢又雲夢澤　瞢目不明也　懵懵懵無知貌　懜惛也一曰慙也本作

儚　○怱倉紅切本作悤悤遽也　蔥葷菜也又淺青色又氣通達也又蔥嶺西域山　聰察也

通作悤　驄馬青白色　璁石似玉者　總縫也　嵸巃嵸山貌　騣馬鬣或作鬉　椶椶櫚也可

作華一名蒲葵〇**蟲**直弓切有足曰蟲無足曰豸又華蟲雉也俗作虫非虫音虺**沖**涌搖也省

作沖又和也又深也又沖沖聲又垂飾貌**翀**上飛也通作沖**充**昌終切長也高也又塞也滿也又美

也備也**忼**心動**珫**珥玉也通作充**忡**丑中切憂也〇**公**古紅切平分也無私也通也又

爵名官名又官所曰公又父曰公婦謂舅曰公又星名七公古作㕣**功**以勞定國曰功一曰功績也或

作紅女紅**工**巧飾也又官也匠也又功力也**攻**攻擊也又曰治也又作也伐也又堅也**弓**居戎

切弓象形以近窮遠也**躳**从呂从身一曰親也**宮**宮室也又中聲曰宮又腐刑〇**風**方戎

切入風也又化也風俗也又牝牡相誘謂之風或作飌**楓**木厚葉弱枝善搖一名攝楓**豐**豆之

豐滿者一曰器名又大也多也盛也**麷**麦麥也**渢**大聲也又浮貌**汎**浮也相如傳汎淫氾濫

〇**蓬**薄紅切蒿也古者觀轉蓬爲輪又盛貌又星名**蓬**編竹覆舟車者或作篷筅亦作韸觲**芃**

艸盛貌芃芃然若風之起鬔鬔鬆髮亂髼茂貌逢鼓聲或作韸韸亦作鼜○叢徂紅切聚

也或作菆亦作藂䕺艸叢生貌又株也潨小水入大水水會也或作灇瀎潀崇鋤弓切嵬

高也一曰充也又聚也終也又敬也就也又尊也或書作崈漴水聲○中陟弓切和也平也又

半也又滿也又鹿中兕中以盛筭者忠敬也無私也直也衷裏褻衣又善也中也誠也又適也又

正也終職戎切絿絲也一曰盡也又田制成十爲終終十爲同螽阜螽蝗也○洪戶公切洚

水也不阻河流爲洪又大也通作鴻紅帛赤白色又地名又姓鴻鴻鵠也大曰鴻小曰鴈又蟲名

蝱鴻虹螮蝀一名挈貳雄曰虹雌曰霓或作蝱訌讀也又訟言相陷也又亂也通作虹○空

苦紅切空竅也又虛也又太空天也又官名倥倥侗無知也悾愨也舊註信也誤㠸衣袂

○通他紅切達也方里爲井井十爲通又書皆未全曰通又馬通藥名侗痛也一曰呻吟[illegible]

作痌恖　侗 大貌一曰未成器之人　○東 德紅切動也從日在木中春方也　蝀 螮蝀虹也

○戎 如融切兵也五戎弓矢矛戈戟又西東名又大也又汝也　茙 茙茙厚貌　○融 以戎切炊

氣上出也鎔也氣上融散也又和也明也又宋衛荆吳謂長曰融又祝融神名通作彤　瀜 沖瀜水深

貌　○芎 芎藭香草本作營　穹 去弓切窮也又高也穹蒼又天形穹窿然　○嵩 息中切中

嶽嵩高山也　崧 山高大也　○熊 獸名　雄 囘弓切羽屬之父一曰武稱假借爲英雄字　○

馮 房戎切馬行疾貌又馮夷神名馮翊地名又姓　○窮 渠宮切極也一曰竟也究也　○翁

烏公切鳥頸毛也又老稱周晉秦隴謂父爲翁或作[illegible]

汰字

鮦潼犝[illegible][illegible]氃爞种盅[illegible]終[illegible][illegible][illegible]稯[illegible][illegible][illegible][illegible][illegible]

艐狻豵狨毧駥澧酆豐釭玒叿冡雺罞䜪䫺蕻䢼洚

涷霥䈡葼霳蘢籠䕵悤囪驄䗓蓬

冬

二冬

○容餘封切盛也又儀也貌也又容謂之防射禮待獲者所蔽又从容或作頌　蓉芙蓉荷花又木芙蓉一日拒霜　庸用也又勞也又和也又常也民功日庸又雇傭亦作庸　墉城垣也通作庸或作𨻝牗　鏞大鐘　鄘南夷國　傭均直也一日雇作謂之傭又作庸　溶水盛也一日安流皃又水名　輍車行貌一作輆　顒魚容切頭大又仰也又顒顒君德也日溫貌又敬也　喁魚口上見又聲也　慵常容切懶也

○峯夫容切山峯也或作峯亦作峰　蜂飛蟲螫人本作蠭或作𧖅蚌　鋒兵耑也[illegible]　烽燧候表也本作㷭邊有[illegible]　丰美也又豐[illegible]

芊

○**封** 方容切封爵諸侯之土也又土陪益日封又同十爲封封十爲畿又大也緘也 **葑** 蔓菁

○**農** 奴冬切耕也又種也又官名 **儂** 我也 **醲** 女容切厚酒也 **濃** 厚也濃淡之對 **穠** 華多貌 **襛** 衣厚也

○**琮** 徂宗切瑞玉大八寸似車釭外八角而中圓也 **悰** 樂也 **淙** 水聲 **宗** 作冬切尊祖廟也又流派所出爲宗又衆也本也又法也主也 **縱** 即容切直也東西日衡南北日縱縱橫之對或作從 **蹤** 跡也或省作蹤通作從

○**胷** 許容切膺也本作匈或書作胷 **兇** 擾恐也兇懼或作恟 **跫** 人行聲或作𨂐 **洶** 洶洶水勢又水鳴或作汹 **凶** 凶象地穿交陷其中又禍也通作兇 **訩** 訟也亂也本作詾一日衆言或作說亦作哅

○**衝** 尺容切通道也本作衝一日突也又當也向也 **憧** 意不定 **䡴** 陷陣車通作衝 **艟** 艨艟戰船外狹而長以衝突敵船通作蒙衝 **舂** 書容切擣米也又山名日所入日高舂 **椿** 衝也又撞也

○**恭** 九容切肅也本作恭共心爲恭通作

龔共供設也一日供給又奉也具也進也通作共共敬共又地名又共工官名龔給也又姓攻姑宗切擊也○雍和也又四方有水曰雍不流曰奴又太歲在戌曰著雍通作雝邕廱辟廱取其水周圓璧通作雝雍饔熟食本作饔通作雍壅塞也障也嗈聲也亦作雍雝廱○蛩渠容切蛩蛩巨虛獸名秦謂蟬蛻曰蛩或作邛邛蛬蟋蟀蛬一曰蜻蛚今促織也通作蛩筇竹名可爲杖出大宛通作邛邛地名在濟陰一曰水名在蜀出邛崍山又病也又州名○鍾職容切酒器也又聚也又鍾官主鑄錢者又量名又二缶謂之鍾又姓鐘樂鐘也又律名又官名鍾氏染羽或作鏞○逢符容切遇也又迎也又大也又太歲在甲曰閼逢縫以鍼紩衣也又衣會也又縫掖大衣也或作縫通作逢○松祥容切木名古作柗鬆思恭切鬔鬆髮亂○重直容切複也又疊也又重主道也種禾名先種後熟本作種通作重○龍力鍾切龍八十一鱗有鱗

曰蛟龍有角曰虬龍有翼曰應龍無角曰螭龍又通也和也又寵也馬高八尺以上爲龍○從疾容切朋相聽許也本作从又順也又就也又姓○茸而容切草生茸茸一曰尨茸亂貌五茸吳王獵處或作戎○冬都宗切四時盡也冬冬藏也

汯字

慒⿱雨農膿淞凇蚣忪彸惷蹖⿰馬舂⿰鳥舂罿穜蹱⿺辶鳥⿰車容瑢榕⿰庸戈

⿰石宮⿰龍宮禺邕灉癰夆桻氄⿰犭茸桑茚⿰舟卬樅鏦銎⿱竹蛩⿱雨冬賨龔

攏封蝩淙

三江

江

○江古雙切水出蜀岷山入海扛橫關對舉也釭燈也○缸下江切或作堈長頸甕亦

作鍰降服也本作夅相承不敢並也又下也洚水不遵道○撞宅江切擣也又撞突也擊也

幢旛幢幢童也其狀童童然也楚曰幬關東西曰幢樁株江切杙也○龐薄江切高屋也

又姓逄塞也又姓○雙所江切偶也兩隻也艭艕艭舟名○邦博江切國也大曰邦小曰

國○窻楚江切本作囱在墻曰牖在屋曰囱窻聰也亦作牕○哤哤異之言一曰雜語○

腔枯江切肉空也骨體曰腔羊腔或作羫𦝕○淙鋤江切水聲又水流貌

汰字

矼厖尨駹摐鏦

四支 一選

○斯息移切析也一曰此也又語已辭又白也又兎斯首又波斯國澌流水也廝養馬者又

取新者禠福也釃山宜切以篚盪酒猶濾也又疏也分也或作麗亦作灑廝籭竹器可以除麤

取細今借作篩或作簛簁蓰物數五倍曰蓰思息茲切本作恖容也一曰念也又語已辭絲本作

絲蠶所吐也一蠶爲忽十忽爲絲司臣司事於外者又主守也偲偲偲相切責也或作愢颸

風貌又風也緦十五升布緦麻三月服罳罘罳謂之屛又連闕曲閣也一曰罘浮也罳絲也謂

織絲之文輕浮貌師疏夷切二千五百人爲師長也範也又習學也又衆也又京師又姓篩竹名

南方以爲船獅狻猊也通作師私息夷切自營曰私又恤也又姦衺也又女子謂姊妹夫曰私

○咨即夷切謀事曰咨又嗟也或作諮資貨也人所齎持也又曰助也取也賴也材質也又稟

也給也通作齎姿態也又姿媚若性姿與天姿與資字義同齎持也又裝也送也一曰齎咨歎詞通

作資粢本作齋粢盛通作齊菑莊持切田一歲曰菑二歲曰畬三歲曰新田菑始反艸畬漸和柔新

成田而尚新也
緇帛黑也一染曰縓再染謂之䞓三入為纁七入為緇或作純亦作紂
輜載衣物車前後皆蔽以其累重故謂輜重
錙六銖也一曰八兩
淄水出泰山梁父通作菑亦作甾
茲子之切黑也一云艸木茲盛也一云蓐也茲藉艸之名又諸侯有疾稱負茲又年也又此也
孜勤也又處也力篤愛也通作孳亦作滋
孳汲汲生也
滋益也又水名一曰蕃也旨也又液也浸也古作滋通作茲
仔克也又任也
籽壅木根通作芓
鼒即鼒小鼎也本作鼒通作鎡
○**嬉**許其切戲也又美也游也通作嫉
熙燥也又興也又廣也緝熙又熙熙和樂貌又州名
嘻多大之聲又噫嘻歎辭
僖樂也又謚法小心畏忌曰僖
熹炙也一曰熾也又謚法有功安人曰熹或作嘻亦作嬉通作譆
禧禮吉也一曰福也或作釐
犧許羈切宗廟牲色純曰犧體全曰牷又伏犧氏又犧尊
羲氣也又羲和官名又白義八駿馬
曦赫曦日光或作戲或省作曦亦作爔
巇險巇本作[illegible]歐

巇山相對危險也又抵巇或作巇　戲於戲歎辭又大將旗曰戲或作巇　絺丑飢切葛細曰絺麤

曰綌　瓻盛酒瓶大者一石小者五斗通作鴟○羈居宜切馬絡頭本作罵撿也又制也又羈縻也

又髻也剪髮男角女羈亦作䩭鞿　羇旅寓也寄也通作羈　畸殘田通作奇　奇不偶也又奇袤

異也亦作倚踦通作觭　剞剞劂刀也　飢居夷切餓也一穀不升曰歉二穀不升曰飢或作饑　肌

肉也或作骪　姬居之切周姓又婦人美稱一曰妾稱　居語助也何居　其語辭又不其邑在瑯

琊又祝其地名即夾谷也　基墻始也又經也業也址也設也又本也　箕箕簸也又箕箒一曰星名

四星二躔二舌象箕之形　朞本作稘復其時也又曰周年匝四時也或作期亦作稘○支章移

切分也又度也持也又庶也又支離披貌又離支自異之意又纖支鮮支縞也又姓　枝木別生條枝柯

也通作支离支卽荔枝也　巵圓器古以角作本作巵古作觗亦作觶觝　胑本作肢體四肢也或作𨈡

鼓通作支**榰**柱砥也古用木今以石又榰梧小柱曰枝大柱曰梧通作枝**之**止而切適也又至也又語助也又訓變**芝**神艸又水芝荷也土芝芋也內芝五藏液也**知**陟離切覺也又欲也又喻也**胝**張尼切腫也禹手足胼胝一曰繭也皮厚也又跰也或作疷䟡亦作躓禹稷駢躓**脂**旨夷切戴角者脂無角者膏又疏凝者爲脂釋者爲膏又燕脂一作卮又曰煙支○**詞**似茲切語之助也又文名又訟詞通作辭**辭**辭訟也理臯爲辭又文名**辤**不受也通作辭**祠**春祭曰祠品物少多文詞也**茨**疾資切以茅蓋屋又茨言密比也**瓷**陶器堅者或作𦈢**薺**蒺藜也通作茨又采薺逸詩名或作薋**慈**愛也上安下之詞柔也又州名**磁**石可以引鍼本作礠又州名又作慈**茲**龜茲國名○**墀**直尼切天子赤墀塗階上地也又曰丹墀**遲**徐行也久也緩也又棲遲息也又陵遲或作遟迟古遲夷通用**坻**小渚也一曰水中高地也**池**停水曰池又棺飾又咸池樂名又差池燕

飛貌**馳**直離切疾驅也**持**直之切握也**治**理也又治中官名**匙**是支切匙从匕匕从反人
从七誤七音化匕音彼匙也七也或作提通作鍉鑰匙**禔**安福也或作媞通作提○**疵**疾移
切病也又黑類疵通作呰亦作玼**骴**鳥獸殘骨或作髊**玼**王中石也一曰玉病**貲**即移切小
罰以財贖也即今庸直又財也通作訾**訾**量也又毀也思也又娵訾亥宮**髭**口上須也口上曰髭
在下曰鬚在頰曰髯本作頾或省作頿**雌**此移切鳥母也古省作鴜或作嶋**差**叉宜切次也參
差不齊也又洞簫名○**蚩**充之切蟲也一曰蚩蚩敦厚貌又蚩尤人名又蚩尤旗星名**媸**侮也
癡也又醜也通作蚩又淫也**嗤**笑也或作數**癡**丑之切不慧也或作懝促**笞**擊也箠笞也
鴟處脂切鵄也一曰鳶也茅鴟今鳩鴟怪鴟即鵂鸋一名角鴟又蹲鴟芋魁也本作雖或作鵄**篪**
竹長尺四寸八孔本作䶵或作箎○**蓍**蓍千歲一本百莖下有神龜守之**尸**陳也又主也又

尸官尸祿**詩**書之切志也又曰詩之也志之所之也一曰承也**施**式支切旗之逶迤貌一曰設也

用也加也又施施喜悅貌又姓○**醫**於其切病工也又瘵也或作毉**噫**恨聲一曰不寤之聲或作

意亦作億又作懿又云有所傷痛之聲又作噫譆譪**伊**於脂切維也因也侯也又發語詞又彼也又繄

伊不舒貌又吾伊讀誦聲又姓**咿**喔咿强笑貌或省作吚○**欺**去其切詐也又謾也陵也○

劑遵爲切翦齊也周禮聽買賣以質劑今下手契券長曰質短曰劑

四支 二選

○**移**弋支切遷徙也又易也延也本作迻通作施**栘**棠棣江東呼天栘花先開後合**椸**楄前

几一曰衣架一作椸或作箷箟提**扅**門關謂之扅扅或作扆**蛇**委蛇委曲貌又自得貌又螻蛇

澤鬼名又蛇蚍淺意**貤**移也移與爵賞**匜**盥器又卮匜酒器**訑**訑訑自得貌一作施又作詑

夷 以脂切東夷又平也又陵夷又芟夷又等夷又發聲又鴟夷酒器又馮夷河伯女夷花神古作尸

洟 涕洟自目曰涕自鼻曰洟

侇 悅也通作夷

姨 妻之姊妹同出爲姨又母之姊妹曰姨又封姨風神

峓 嵎峓東表之地亦作銕通作夷

彝 宗廟常器六彝又法也常也通作夷俗作彝非

桋 木名

寅 東方之辰一曰孟陬太歲在寅曰攝提格

夤 恭也敬惕也又維也九州之外有八夤通作寅

頤 與之切頷也養也又夥頤謂多言

貽 黑貝也舊註遺也誤

怡 和也悅也通作台

台 本台悅字一曰我也

詒 遺也通作貽又誒詒疑疾又失魂䰾貌舊註欺也誤

飴 米糵煎成乾糖也餳也或作飴

疑 語其切疑惑也不定也又恐也嫌也又似也又官名疑丞或作儗

嶷 九嶷山通作疑

宜 魚羈切所安也又適理也又祭名宜于祖

儀 度也又容也宜也匹也又方言來也又兩儀又淩儀地名

涯 水際本作厓

遺 亡也一曰贈也餘也又加也失也陳迹也又便旋也又小遺小便也

壝 堳埒也又

壇也**漪**於宜切灡漪水波也一曰水文通作猗**椅**梓也今云梧桐**禕**美也玡也字從示與禕字不同

○**离**猛獸又卦名通作離**籬**藩籬或作杝接籬白帽本作䍦**蘺**江蘺香艸**醨**薄酒通作漓俗用爲醇漓字**罹**憂也又遭也罥也通作離**驪**馬深黑色**麗**附著也又施也又披麗分散貌又高麗國又長麗星也鸞也**漓**滲漓流貌又澆漓淋漓本作灕或作離**璃**琉璃出西域作流離又玻瓈西國寶千年冰化故曰冰玉**褵**婦人褘今香纓也通作縭幌巾也**蠡**匏勺也漢有谷蠡王谷音鹿又燒爆蠡燒酪也一作盝**纚**綏也又緇纚韜髮者又紼纚筰也**鸝**本作離黃倉庚也或作鴛鴷又作麗黃麗**離**呂支切黃倉也假借爲離別字又麗也又流離鳥又長離鳳也纖離馬也又陸離光輝貌又侏離又將離木名**棃**力脂切果名又老也通作黎亦作犁**黧**黑色或作穲通作黎**犂**牛駮文又耕也又犁田器俗作犁**蜊**蛤蜊**藜**蒺藜茨艸也歲欲旱蒺藜先生又軍旅以鐵作茨布

路謂之鐵蒺藜**釐**里之切福也一曰理也又予也**嫠**寡婦也通作釐**貍**伏獸似貙豹變則貍又貍

狌或作狸貍猍**螭**抽知切若龍無角而黃或作彲亦作離**魑**魑魅似虎而瞰虎或作离通作螭

○**其**辭也又豈也又指物之辭**期**渠之切會也又信也限也要也又路八達謂之崇期**棊**圍棊

又謂博奕之子爲棊或作棊通作棋**旗**熊旗五斿以象伐星士卒以爲期又曰熊虎爲旗象猛也**祺**

吉也**淇**水名**蘄**艸名也又馬銜也又求也又州名**麒**仁獸牡曰麒牝曰麟雌鳴曰游聖雄鳴曰

歸昌**奇**渠羈切異也又詭也又離奇委曲盤戾貌又窮奇獸名**騎**跨馬也**琦**玉名一曰玩也

又琦瑋又大貌**錡**三足釜又鑿屬**岐**巨支切山名又二達謂之岐或作歧古作嶅**祇**地神又大

也又安也古作示**跂**足多指也或作枝通作歧又凡有足者曰跂**祁**徐也又盛也大也衆多也

又州名**攲**丘奇切本作攲持去也不正也又攲器俗作敧非**觭**角一俛一仰**踦**一足也脚

跛也**耆**渠脂切老也又彊也方言長也又瘢耆瘡也○**皮**蒲羈切生曰皮理之曰革柔之曰韋又皮膚肌表也又姓**疲**勞力也又倦也止也又師還曰疲或作罷**陂**彼爲切阪也一曰池也澤障曰陂或作波**羆**如熊有黃羆赤羆或作⿱能皮或省作罷**碑**豎石紀功德**脾**頻彌切土藏也**陴**城上女墻曰俾倪**埤**增也又厚也通作膍**毗**頻脂切人臍也本作𣬈一曰輔也本作仳一曰明也厚也又犀毗帶名**比**和也一曰相次也又竝也又比部官名又比蒲地名**貔**豹屬一名執夷或省作豼亦作⿰犭比**丕**攀悲切大也○**尼**女夷切猶昵也又和也又女僧又伊尼鹿名紫駝尼蕃褐也**怩**忸怩心慙也古作⿱尼心**而**如之切頰毛也象毛之形假借爲語助又汝也又因辭又抑又之詞又發端之辭**洏**漣洏涙流貌**兒**汝移切兒倪也人之始如木有端倪一曰男曰兒女曰嬰○**披**攀羈切旁持曰披一曰開也分也通作翍亦作鈹又披靡**翍**張羽也**邳**貧悲切下邳縣又作岯山

再成曰岯又大岯山○彌民卑切弛弓也一曰益也名又作伾或作坯伾○彌終也又瀰也又嬰彌嬰兒也或渺瀰大水作弥瀰貌本作瀰○時市之切四時也一曰是也又伺也又辰也又善也中也也古作鰣魚名四月有旹鰣之通作時

四支　三遐

○糜忙悲切粥也又糜爛或作𩟐𩟐縻牛轡也又繫也或作緣縻通作靡散也又胥靡醾酴醾酒名或作醾匕又花名又作荼蘼劘分也或作磨劘眉旻悲切目上毛也一曰媚也通作麋嵋峨嵋山名通作眉湄水艸交爲湄一曰水濂也或作濂濂通作糜楣檐也梠也門上横梁麋鹿屬又犨麋醜人○逵渠追切本作馗九逵道也夔卽魖也如龍一足象有角手人面之形水石之怪蘷罔兩又國名又夔蘷悚懼貌頯面顴也或作頄騤馬行威儀也騤騤强也又盛也不息

貌**葵**渠惟切葵菜又蔠葵又戎葵又錦葵花小又錢
葵千葉又澤葵莓苔也又蒲葵可食又鳧葵生
水又楚葵芹**楑**柊楑椎也○**委**委委行**痿**於危切**逶**
也又揆也通作葵委曲也痹濕病
透迤衺**萎**艸木**蓷**艸木實蓷蓷也亦作蕤華垂貌又
去貌枯葳蓷亂貌又英蓷花也又翠蓷旗
名又玉**綏**系冠纓散而下垂或作緌注旄○**錐**職追
蓷香也於干首一日垂也又緌緌雪貌切銳
也又器**騅**馬蒼黑雜毛一**隹**鳥之短尾總名也一**萑**
如鑽日蒼白日騅日鳺鴀也詩作鵻
艸多貌一日**槌**蠶薄柱**追**陟誰切逐也○**維**以追切
艸名芫蔚也又槌提隨也又逮也車蓋維
也一日網綱又繫也又方隅也**惟**思之專也一日謀
又太歲在巳日屠維又語辭也又獨也又通爲
語辭或**帷**洧丕切帷幄在旁曰**爲**遠支切母猴**危**魚
作唯帷又幔也一日圍也也又造作也爲
切疾也隤也不正**規**居隋切正圓之器又正本作
也不安也又宿名君曰規又規求也規蔽**⿰夫隹**巂周

巂也或作鴂曰秭鴂江介曰子規蜀曰杜宇華陽曰杜鵑又名催歸 **龜** 居追切出蔡因名甲蟲三百六神龜爲之長又畜背隆處曰龜 **嫣** 俱爲切姓也 ○ **垂** 是爲切本邊垂字又幾也將及也又自上縋下也 **陲** 遠邊也本作垂又危也 **椎** 傳追切擊也又椎鈍不曲撓也又俗名拙語曰椎儲又終葵椎別名故玉珽終葵首作椎形或作桘通作槌揰 **鎚** 權也或作錘 ○ **卑** 賓彌切賤也高之對也又鮮卑帶名也俗作卑通作庳 **裨** 衣之接益也又補也與也附也助也或作俾 **悲** 逋眉切痛也有聲無淚曰悲無聲有淚曰泣 ○ **闚** 缺規切閃也謂傾頭門中視也 **窺** 小視也通作闚 **虧** 去爲切虧氣損也又缺也少也字从雐从虛非 ○ **麾** 許爲切旌旗所以指麾或作戲又以快爲麾 **墮** 許規切本作隓壞也亦作憜俗作隳 **睢** 仰目也睢睢盱盱元氣也又恣睢 ○ **推** 叉誰切順遷也一日窮詰也又排也又擇也奬也奉也尋繹也又衙推今巫師也 **蓷** 艸名萑也 ○ **衰** 所追

詩韻通定 卷之一 上平 三

切寖微也小也又弱也耗也**榱**椽也秦名屋椽周謂之榱齊魯謂之桷○**隨**旬爲切從也又卦名國名今省作隋**誰**視規切何也誰何音苛謂細詰問也漢有大誰卒長或作唯亦作譙譙呵責讓也○**纍**倫追切綴得理也一曰大索一曰不以罪死曰纍或作縲亦作累通作絫亦作羸**羸**力爲切瘦也六畜中惟羊瘦則羸○**吹**昌垂切噓也或作龡**炊**爨也又族人炊炊神名

汱字

氏𧳅鉹簃𦺋䚦酏溈倭䴧㢠䵠倕鈹坡䎱旇蘢碕蚑

軝怟疷櫼䗁榿㕒轙𩮵蘼襹孋劙錍椑崥鑴覞鵯𩅟

虒槻嶉厜蠵𠪚峓䧅徲跠䐙鮆䣯檇澬穧齍餈𩓺秜

跜泜蚳貾郱霋追棲䅦䮙䅈欙壘䧣欈戣麋萑雁伾秠

駓豾鉟怌叩紕宧圯瓱萁琪騏碁棊璂彲鴟陑聏栭
鮞髵僛魌錤踑諆𣬉𤼽豯𤼴梩耶翨唲茈觜郿罙貲
猗峗襹屍鳲洢黟剢濰綏荽塒鰣覗柌椔譆齝𪐴鶿

五微 一選

○非不是也責也又呰也開也飛鳥翥也通作蜚緋甫微切絳色一曰赤練古作非誹謗言也通作非馡馡馡香也通作菲扉戶扇也一曰以木曰扉以葦曰扇霏芳非切雰也或作霏菲芴也又芳菲菲茂貌妃匹也妃媲也對也后妃也或作婓亦作嬰騑車一轅四馬中兩馬夾轅爲服馬兩邊名騑馬亦名驂馬又騑騑行不止貌或作匪○微無非切隱行也又細也少也衰也殘也且無也非也又太微少微星名又元旦曰三微又骭瘍爲微溦溦微小雨也或作微霺薇菜也

今之野豌豆苗又白薇
藥名薔薇紫薇花名　○韋　雨非切獸皮之韋可以束
物枉戾相違背故借以爲
皮韋柔熟皮也又　守也又圍也遶也圈也本褘
豕韋國名又姓　圍　又周也又九圍九州也　幃　囊字
又單　宮中之　離也又背也去之也又奔放曰違
帳也　闈　門也　違　又依違不明白也傳作徜違漢書
作依　○暉　許歸切　褘　蔽膝也或謂之袚　徽　褻幅也一
韋　日光也　又王后之服褘衣　曰三糾繩
也又美也又琴　揮　奮也又振也動也散　翬　鷹隼其飛
節曰巘又州名　也指揮也又揮霍也　也翬鼓翅
翬翬然疾也又雉素　煇　火之光也或　○威　於非切姑
質五采皆備曰翬　作煒亦作輝　也今借爲
威權字又等威謂威儀有　葳　葳蕤艸　巍　語韋切高也
等差又南威美婦古作畏　木盛貌　或作嵬通作
魏　○歸　舉韋切女嫁也還也入也又歸往依投也又
指趨曰歸又州名又當歸一名乾歸一名文
無古今注將歸贈以　○肥　符非切
文無文催歸鳥名　多肉也

五微 二選

○機居依切主發謂之機弩牙屎也一曰織具也又機械又巧術也變也又要也會也又客也幾微也殆也庶幾也又尚也期也又近也通作僟古作癹譏譴也問也又詰也伺察曰譏通作幾禨祥也又祟也通作僟磯磧也又石激水曰磯鞿馬絡頭一曰韁在口璣珠不圓者又璣鏡大珠有光燿可爲鏡又璿璣玉衡饑餓也畿封十爲畿王畿千里外仍有九畿畿又門內曰畿又門限也或作圻通作祈○稀香衣切稀疏也通作希希寡也施也又止也散也又少也罕也又望也欷歔欷嘆也一曰懼貌或作唏晞乾也一曰明之始升睎望也通作希○祈渠希切求福也告也叫也又報也又徐也或作祁亦作蘄旂有鈴曰旂以令衆又交龍爲旂俗作旗非頎長貌一曰頭佳貌沂魚衣切青州浸出泰山南至下邳入泗○衣於希切上曰衣下曰裳黃帝時胡曹

作衣余伯作裳 **依** 倚也憑也又據也附也

汰字

淝腓痱屝餥騑肵碕鐖穖鵗狶俙犩騩楎徽蝛刉譩

溰

六魚 一選

○**魚** 語居切本作䰻下火象尾水蟲也又山名可爲矢服又魚魚魚雅雅魚鳥飛行成隊也 **漁** 捕魚也本作瀗又侵取也又漁奪漁獵或作䱷敹通作魚 **余** 以諸切語之舒也又吾也亦作予爾雅兵卯吾予朕自甫余言我也 **旟** 州里所建鳥隼取其勇捷 **璵** 璠璵魯之寶玉 **譽** 稱美也毀譽燕譽並平去二音 **與** 與與蕃廡貌又威儀中適貌又萬與開舒也 **輿** 輿人爲車車以輿爲主又衆也又權輿又

堪輿天地名又扶輿佳氣貌又僕臣輿爾賤者也或作轝**餘**饒也一曰皆也又殘賸也通作余或作邪

好本作伃婦官漢有婕妤**畬**悉治曰畬三歲治田也或作畭亦作畭**於**央居切于也居也往

也一曰語辭又代也又商於地名又音烏於物於變**淤**泥澱澱滓也**歟**氣緩而安也俗以爲語末

之辭又疑辭又歎辭通作與○**苴**履中艸履藉也又以果實相遺者必苞苴之一曰褁魚肉**沮**

水名又漸溼之地曰沮洳**且**薦也又此也語辭也又多貌又巴且芭蕉也又漁者余且余音預**砠**

山戴石曰砠本作岨**雎**本作鴡鳥名鷙而有別王雎也**趄**趑趄趨不進貌通作赼且**狙**狙犬猿猴

屬又伺也**菹**側魚切酢菜也七菹韮菁芹葵茆落筍又蘁菹菜肉通稱全物若牒爲菹細切爲齏又澤

生物曰菹亦作葅○**渠**強魚切溝渠也一曰渠渠勤也又深廣貌又軒渠笑貌又大也又犀渠甲

名又吳人呼彼之稱又石渠閣宕渠山名庸渠鳥名又芋渠**蕖**芙蕖別名芙蓉江東呼荷華通作渠

又夫渠
籧 籧篨粗竹席也蘆蕟也又疢不能俯者又曰口柔也通作籧
蘧 蘧麥也又蘧蘧自得貌又姓
磲 硨磲石次玉通作車渠車罔為渠
鐻 金銀器名
○**虛** 朽居切空也又星名又舟名又閭虛氣也又孤虛或作虗俗作虚非
噓 吹也一曰出氣急曰吹緩曰噓或作呼亦作煦又作呴
歔 歔欷悲咽抽息也一曰出氣也
墟 去魚切大丘也又故城也又歸墟海大壑本作虛或作丘井田四邑為丘丘謂之虛
㠊 崎㠊山路峻也本作區或作嶇通作𨅝
○**居** 力魚切處也又居居傲很無相親之意又化居化易貨居所積或作凥
裾 衣後裾又衣盛貌
据 戟据也手執臂曲局如戟不可轉也又拮据
車 黃帝所作少昊時加牛禹時奚仲加馬
○**胥** 相居切蟹醢也青州蟹胥一曰皆也又淪胥相牽引也又相視也又蝶胥又華胥國狼居胥山
諝 智也或作㥠通作胥須周胥徒以才智為諝徒之長天文有須女
糈 糧也
○**祛** 攘却也逐也又散也開也又祛祛彊健貌或作

佉胠脅也一曰旁開爲胠又去也又軍左翼曰啓右翼爲胠○徐詳余切安行也又緩也又
執徐辰歳又州名或作邪

六魚二選

○書傷魚切六書蒼頡作又尚書官名舒伸也一曰敘也散也開也又國名通作荼古文舒荼
假借字又望舒月御又姓紓緩也一曰解也或作絵悆仔通作舒樗抽居切山椿又名虎目本作榑
或作櫖攄舒也又摢也摴摴蒱戲也或作摢○除直魚切殿陛也日玉除除椒除又去也
又拜官曰除篨蘧篨也艸中空類乎竹儲待也積聚也副貳也太子副君故曰東儲又姓躇
本作躇跱不前也今作躊躇猶豫也又住足也滁水名又州名瀦水所停曰瀦通作豬○閭
巾居切閭侶也二十五家相羣侶也巷門曰閭發閭左戍又醫無閭山又尾閭又菴閭艸名廬寄舍

也在埜日廬田中屋也又外室也又穹廬旃帳也又廬子國通作閭

蘆茹蘆蒨也可以染絳

驢似馬長耳騾驢父馬母駃騠馬父驢母

臚皮也又腹前曰臚又傳語告下曰臚告上曰句又鴻臚官名亦作盧

櫚栟櫚椶也通作幷閭

○**踈**所葅切通作疏疏通特達一曰遠也又稀也又扶疎枝葉盛也又麤也又綺疏疏窻也今疏窻之疏皆作疎

蔬凡艸菜可食者名蔬凡疋从疋正與足似而非

梳櫛也理髮也或作梳通作疏亦作疎

○**袽**女居切本作絮絮縕也一曰敝絮所以塞舟漏也通作帤古作茹又作袈

挐持也又牽引也又煩也又紛挐騰挐又揉也或作拏

○**如**人諸切從隨也一曰而也若也往也又然也又謀也

茹相牽引貌又茅根易曰連茹又食也食茹菜曰茹又茹度

○**鋤**士魚切亦作鉏立薅所用也去穢助苗也又舂鋤鷺也

耡起民相佐助也周禮以興耡利甿

○**諸**章魚切別異之詞一曰衆也之也非一也又有諸疑詞居諸語助又乾桃乾梅曰諸又方諸鑑名又

囧諸齊獄又偏諸衣緣也又
孟諸宋澤望諸青州澤又姓○蜍署魚切蟾蜍蝦蟆
也一名蟚吐生其
肪塗玉則軟刻削如
蠑又鴽馬也或作蠩

汰字

鶋椐寠豬蘧礸蠩屠篨鴽蒢鷀璩臚雒蝑疽璖練驢
㖶駑蛆阹帑

七虞 一 選

虞

○虞元俱切騶虞也一曰安也助也又度也又慮也又掌山澤之官曰虞又葬而反祭曰虞又國名又姓 愚戇也非是是非之謂愚 娛樂也通作虞 嵎封嵎山名防風氏守封嵎之山者也在吳楚間 隅陬也又方也又廉隅廉稜也隅角也角必有稜又娵隅南蠻謂魚也通作嵎 于羽俱切於

也本作亐象氣之舒一曰非也又于于自足貌又行貌又軒于蔓于艸名又徃也又姓又鮮于姓

竽 管三十六簧笙大者曰竽小者曰和近代竽笙十九簧或作等

盂 飲器也或謂之盌又右盂左盂田獵陳名或作盂

雩 夏祭樂于赤帝以文羽鳥舞祈甘雨雩者吁也吁嗟以請雨也

玗 似玉東方之美者有醫無閭之珣玗琪焉一作猗玗洞

俞 羊朱切然也又荅也又姓又巴俞

逾 越也又進也或作踰逾通作隃亦作俞

瑜 瑾瑜美玉也

揄 引也一曰動也又揄揚詭言也又抒也又揶揄舉手相弄

愉 薄也恌也一曰顏色和貌又樂也或作媮亦作愈

渝 變也又巴渝水名通作俞

褕 襜褕又后六服褘衣畫翬也褕狄畫搖翟也翬素質五色搖青質五色

瘉 病也或作瘐

覦 覬覦欲得也

萸 茱萸一名藙一名欓

臾 束縳捽抴爲臾一曰善也又須臾不久貌又顓臾國名又匬臾地之坳坎處

楰 鼠梓木楸屬

榆 木有十餘種南方有刺榆北方大榆塞地皆榆又桑榆晚也

歈

歌也渝水之人善歌舞一曰吳歌曰歈 **毹** 雙雛切氍毹織毛聲也一曰毾㲪或作毹亦作毺施大牀前小榻上出新羅罽賔國 ○**癯** 其俱切一作臞少肉也 **瞿** 鷹隼視也又姓 **衢** 四達謂之衢又三衢山 **劬** 勤也勞也 **句** 須句地名又兗句曹州縣名 **躣** 行貌楚辭蒼龍躣躣或作躩亦作忂

○**吁** 況于切驚也本作吁又嘆也通作于 **忬** 憂也 **盱** 張目也盱衡也又睢盱小人喜悅貌又盱水名 **旴** 日始旦出也 **訏** 大也又詭謣也誇也 ○**須** 錫俞切本面毛字借爲所須之須意所欲也一曰斯須也一離一合之頃又葑須菜名夫須艸名作須非 **鬚** 本作須亦作鬒面毛也在頤曰鬚在頰曰髯又魚須旗竿也 **繻** 繒采一曰帛邊漢以爲關門符信或作緰愉縛 **需** 飲食之道也須也遲疑須待也一曰疑也又索也

○**區** 豈俱切區藏物處又區者小室之名衛士稱爲區士屋曰區廬一曰處置也一曰五十日區又艸木屈生曰區又區區小貌又具區藪名 **嶇** 崎嶇 **軀** 體也泛言曰身

舉四體曰軀軀猶區域也或作軀**驅**走馬謂之馳策馬謂之驅又前鋒軍曰先驅次前軍曰申驅又逐也或作毆亦作毆又作毆歐○**婁**牽也一曰愚也時人謂無分別者爲邾婁不辯**漊**漊漊雨貌**鏤**屬鏤劒名**蔞**蔞蒿初生可啖江東用以羹魚○**拘**舉朱切物去手能止之也執也或作佝句亦作拏**俱**偕也一曰具也**駒**馬二歲曰駒又六尺以上馬五尺以上駒○**迂**雲俱切遠也僻也曲也**紆**詘也一曰縈也又曲也勞也或作汙○**諏**子于切聚謀也或作誒**娵**星名娵觜之口營室東壁也又閭娵古姜女楚詞謂閭娵爲醜惡一名明娵

七虞二選

○**扶**側手曰扶投壺堂上七扶室中五扶鋪四指曰扶按指曰寸通作膚**夫**鳳无切夫扶也言扶持於王者也又夫者妻之天也曰丈夫又六尺爲步步百爲畮畮百爲夫**符**信也漢制以竹長六寸分

而相合銅虎符發兵遣使用竹使符與郡守合爲信又姓

苻 艸名白莖似葛又姓晉蒲堅背有艸付字敀姓苻

鳧 舒鳧鶩也鳧似鴨而小江東呼爲鸍鸍沈鳧鳧好沒也又鳧氏鐘官

蚨 撫蝸一曰蠍蝸得其子母血塗錢置母用子置子用母皆自還也故謂錢爲青蚨

瓿 小罌也

敷 方无切施也一曰陳也散也本作敷或作傅亦作鋪亦作尃

莩 艸也一曰葭中白皮葭莩之親言輕薄附着又精莩日精之表也

孚 信也鳥之乳卵皆如期不失信也易中孚卦名

桴 屋棟也又桴筏鼓桴之桴音浮亦作枹

俘 軍所獲也係其人曰俘截左耳曰馘一曰取也

夫 語端詞又語已詞又有所指之詞

膚 膚革外薄皮革膚內厚皮又美也又膚淺腧在皮膚不深也或作肤

扶 防无切佐也一曰相也扶持也又扶風郡名鳳止鳴曰提扶又姓

柎 鄂足也艸木房爲柎一曰華下萼或作不不曰鄂不承華者鄂柎鄂足也亦作㮙枎

趺 本作跗足也俞跗黃帝時醫師又作俞柎榆柎臾跗

鈇 莝斫刀一曰斧

也**秩**稻再生一日黑稻**枹**擊鼓杖**玞**碔玞石次玉會稽山下名玞石亦作武夫○**無**武夫切亡也本蕃橆字借爲有無字無者對有之稱又文無藥名古作无或作亡**蕪**薉也又蕪穢又蘪蕪香艸**巫**巫祝也女能事無形以舞降神也又男曰覡女曰巫又山名**誣**加也以無爲有也於事不信曰誣**母**熬餌也八珍有淳母母模也**吾**五乎切我自稱也一曰御也漢執金吾執金華以銜非常一曰金吾辟不祥之鳥又昆吾國名伊吾地名**梧**梧桐木又枝梧小柱爲枝邪柱爲梧又槁梧琴也蒼梧地名又魁梧奇偉梧本去聲作平聲用**鼯**鼯鼠謂之飛生一曰五技鼠一名夷由一名鼺通作梧**吳**大言側口出聲也漢分會稽爲吳郡與吳興丹陽爲三吳又無錫太伯始居地爲句吳又天吳水神又姓**鋘**錕鋘山名出金可作刀以切玉或作鋙通作吾**⿰王吳**琨⿰王吳石次玉或作珸○**胡**戶吳切牛頷下垂皮也又戈胡戟胡胡爲寻之旁出者曲又漫胡漫裏無稜刺也又曼胡纚纓一曰何也

又壽也又謚法保民耆艾曰胡又盧胡笑貌又北狄**湖**楊州其浸五湖又名具區震澤笠澤又洞庭應澤青艸雲夢巴丘亦曰五湖**瑚**珊瑚漢積翠池一本三柯有四百六十三條夜有光號烽火樹又瑚璉殷有六瑚**乎**語之餘也又極辭也一曰疑辭也舒辭也或作虖**箶**箶篚箭室又竹名或作筡

醐醍醐酥之精液也**餬**寄食也又糜也俗作糊或作餂**鶘**鵜鶘水鳥腹下胡大如數升囊一名淘河一名涸澤**壺**昆吾作圖器也壺大一石瓦甒五斗又投壺又挈壺氏**狐**妖獸也性多疑又訓狐鳥名即鵂鶹也或作狐**瓠**器也康瓠謂之甈又曰大瓠也通作壺一壺千金俗作葫○**孤**古胡切幼而無父顧也顧望無所瞻見也又王侯謙稱又三孤官名又孤負也**辜**辠也辜人謂犯罪應死者又磔也疈辜祭四方沈辜祭川皆刑牲以祭又十一月得甲曰畢辜丙曰修辜戊曰厲辜庚曰窒辜壬曰終辜**姑**夫母也在曰君姑歿曰先姑又父之姊妹曰姑王父姊妹爲王姑又且也又姑息也又作姑邪

道所出也又祀姑藩名蒲姑地名鼠姑牡丹也黃姑牽牛星金僕姑矢名**酤**一宿酒也又賣酒一曰買

酒通作沽**觚**鄉飲酒爵受三升一云二升觚寡也飲常寡少又操觚竹簡也又觚稜**沽**水出漁陽

塞外東入海又買也**鴣**鷓鴣鳥出南越鳴自呼鈎輈格磔常南飛不北**呱**小兒啼聲**罛**魚罟也網

最大者或作罛**菰**本作苽雕苽一名蔣或作雕胡彫胡凋胡安胡茭苗米也江東謂葑菰葑是根菰是

葉通作瓠○**盧**落胡切飯器一曰賣酒區故曰黃公酒壚又湛盧劍名都盧戲伎名呼盧摴蒱戲若

盧官名主弩射蒲盧螺蠃也又瓠細腰一曰蒲盧又瓠盧艸名韓盧良犬胡盧笑也又姓**艫**舳艫舳船

後艫船頭又舟名也**顱**首骨也或作髗通作盧**轤**轆轤井上汲水木一作轆轤一作槐櫨通作鹿

盧又轠轤環轉也**籚**積竹戈戟柄也一曰筐也大曰籚小曰籃或作盧**鑪**方鑪也一曰火函又

爐冶也又熏器或作爐**蘆**蘆菔也亦名來菔又葦之未秀者曰蘆又葫蘆**矑**目瞳子通作盧故稱

淸壚黑剛土也玈黑弓或作弧通○徒同都切步行
盧又曰黃壚作盧亦作黸也一曰衆也
隸也又空也又類也又司徒官名又丹徒吳途或作
朱方地秦以有王氣使赭衣三十鑿之故名垾本
作涂通作塗經涂九軌環涂七軌野涂五軌乃國門
廣裌之差又十二月得乙曰橘涂丁曰圉涂巳曰則
涂辛曰塞涂塗泥也又杇也荼苦荼又荼蓼委葉穢
癸曰極涂作塗路非艸也又英荼茅秀也
又神荼神名又娵荼正月爲娵圖圖畫必先規畫之
十二月爲荼月從娵至荼也圖者吝嗇難之義
也又謀也又浮圖佛也又塔曰浮屠刳也又殺也
圖亦作浮屠亦作蘇塗俗作啚非屠裂也又姓菟
楚人謂虎於菟亦作檡又瘏病也又馬○逋博孤切
菟裘魯邑名又飛菟神馬病曰瘏亡也又
逃也欠也晡日申時也日至於申時食也又以食
又訓爲負悲谷是謂晡時餔食之日餔一日食
也或酺蒲胡切漢律三人以上無故羣飲罰金故賜
作哺酺得聚飲唐無酺禁賜酺者蓋聚作伎樂高

年賜酒麪

蒲 水艸可作席蒲柳菖蒲又名昌陽昌歜昌本又漢天子臥內畫青規曰青蒲或作莆蒲也

蒱 樗蒲戲也老子入胡作通作蒲

鋪 普胡切門鋪所以銜環者作龜虵形以銅爲之故曰金鋪又陳也布也

○**殊** 市朱切斷絕分析爲殊又異也

殳 擊也以杸殊人也從几鳥短羽與几不同

銖 權十分黍之重也一曰十黍爲絫十絫爲銖又八銖爲錙二十四銖爲兩

洙 水出泰山入泗

厨 直誅切本作厨庖屋一曰箭室又櫝也又斯條國厨木汁肥可煑餅

蹰 踟蹰行不進也

裯 牀帳或作幮又禪衣

○**儒** 人朱切柔也有道術之稱又侏儒短人也又柱名或作偄

嚅 囁嚅多言也又嚅唲或作吺咮

濡 霑濕也一曰滯也又水出涿郡或作溈

懦 駑弱也偷懦憚事或作愞

襦 短衣鄉射禮君袒朱襦七纏或作襦

醹 厚酒

○**株** 陟輸切木根也入土曰根在土上曰株又株檽短柱又株離西方樂

誅 討也罪及餘曰誅如誅大樹枝葉盡落又責也

蛛 蜘蛛也本作鼄長踦者名蠨蛸一名蟢母

長脚形小者名喜子赤斑者名絡新婦 **朱** 章俱切赤也又姓 **珠** 蚌之陰精圓澤爲珠○ **模**

莫胡切以木爲規模也或作撫通作摹 **謨** 說也議謀也慮二事晝一計爲謀汎議將定其謀曰謨亦

作摹 **膜** 胡人拜稱南膜又膜拜長跪拜也 **嫫** 嫫母都醜也古帝妃或作悔莫 **母** 麩餌也入珍有

淳母母模也○ **奴** 乃都切奴婢皆古辠人奴男入於辠隸女入於舂藁又謂僕隸爲奴又盧奴中

山地名水黑曰盧不流曰奴 **騖** 騖駘下乘 **帑** 金幣所藏也 **砮** 石可爲矢鏃又石砮礪也 **孥**

子也通作帑妻子爲帑又鳥尾曰帑○ **雛** 仕于切雞子也鳥生須母哺曰鷇自食曰雛又鵷雛南方

鳥名 **㛗** 娶婦也 **芻** 窻隅切刈艸爲也包束艸之形又藁也又羊曰芻犬曰豢以所食得名又苾芻

艸柔香遠聞不背日光故喻出家人又龍芻養入駿地草名或作䅳俗作蒭非○ **樞** 昌朱切戶樞也

又樞機又本也又北斗第一樞星故樞寄爲星樞又金樞月沒處又西樞上樞內輔也 **姝** 美色又好

也

○烏 哀都切反哺之烏小而腹下白不反哺者曰雅烏白項羣飛者曰燕烏烏一名鵶其鳴自呼烏陽物也日中有三足烏又渴烏爲曲角以氣引水上翻車也又黑色曰烏

洿 水不流也一曰窊下一曰停水曰洿今作汙又濁也又桵莎謂之汙或作汚

○蘇 素姑切紫蘇一曰水蘇雞蘇又藝艸曰蘇又扶蘇小木流蘇盤線毬同心下垂若流又析羽曰流蘇又曰鶡蘇又蘇蘇氣索貌又姑蘇山又更息曰蘇一作穌俗作甦非

酥 酪屬牛羊乳爲之牛酥差勝若犛牛復優於家牛也

○粗 則吾切田賦也又畜也積也

徂 昨胡切往也本作⿺辶且通作且

○呼 荒吾切出息爲呼入息爲吸又喚也又鳴呼嘆辭

膴 無骨腊鳥腊一曰大也

○都 當孤切有先君之宗廟曰都又十邑曰都小曰邑大曰都一曰總也又大也歎也又美也盛也又閑也又居也又中都縣名又鳳飛鳴曰卽都又桃都山有天鷄日出卽鳴

○麤 倉胡切行超遠也又大也䟽也物不精也又罯也亦作粗又也犄

○

枯 苦胡切 槀也

汱字

滹𪁉虡刳杇釪㕑鸊戲𦐺朐絇軥鮑郀裯䣜秏柭䉉

闟揄牏羭蝓荂泭怤跔痀捄斛箛軱柧畬稌駼駼禹

髃膴麌悞鮬僂膢颹穛稃盂陓隃刳觚蛄鍏橭筊鴑

憮部菹櫨瓐濾蘇栲誧恗痡踊

八齊 一遝

○題 額也雕題交趾又椽頭玉飾曰琁題玉題亦名璧瑺又木題湊謂木頭湊向內又白題胡也月題馬額上飾一曰著也書題也題品也 締 結不解也 提 挈也又舉也又提封又馬上鼓有曲木提

故夏官執題又孩提又攝提星名又歲在寅曰攝提格又招提寺名菩提梵語謂正覺**綈**厚繒也

睼迎視也又坐見也**禔**安福也**褆**衣厚褆褆也**緹**帛赤色**鞮**革履又白銅鞮歌名

荑艸也一曰卉木初生葉貌一曰茅始生或作稊通作苐**桋**女桑也樹小條長**折**折折安舒

貌**蹏**足也又筌蹏或作蹄通作蹗○**黎**郎奚切衆也謂羣黎黔黎又懸黎美玉也閣黎僧也

又土青黎或作黧又國名或作𨞾**梨**果名又棠梨花**犁**耕也田器也本作犂又祝犂巳歲**藜**

艸也藜科大可爲帚一名王彗一名萊又可爲杖故曰杖藜**驪**馬深黑色**蔾**蒺蔾艸名**鸝**鸝黃

楚雀**黧**黑色**瓈**玻瓈寶玉名一作頗黎○**倪**五稽切俾益也又端倪也天倪自然之分又耄倪

倪本作兒幼弱也**齯**老人齒一曰齒落更生而細通作兒**視**衣祙謂之視一曰女上服**霓**屈虹

青赤或曰陰氣也通作蜺蜺者斗之精失度則霓見態主惑於毀譽一曰雄曰虹雌曰霓**麑**鹿子一曰

狻麑即獅子或作猊

鯢 刺魚四足雄鯨雌鯢

輗 車轅耑持衡者或作輗棿

○兮 胡鷄切語有所稽未便言之言兮則語當駐駐則氣越亏也又歌辭也

嵇 山名在今亳州嵇康居於山側故名又姓

奚 大腹也一曰何也又東西奚東胡種又奚奴又羊奚艸名又姓

蹊 徑路也又穿徑也或作徯通作傒

傒 人名齊卿高傒通作奚

徯 反戾也婦姑勃徯勃爭也徯空也

谿 苦奚切山瀆無所通者一曰水注川曰谿一曰無水曰谷有水曰谿或作溪亦作徯嵠

○西 先稽切西遷也陰氣遷落物於時爲秋作西者非

犀 徼外獸一角在鼻一角在頂通天犀者角上白縷直至端又瓜中瓣曰犀又堅也又木犀也

栖 陸鳥曰栖水鳥曰宿獨鳥曰止衆鳥曰集又栖栖不安貌或作棲棲遲息也

撕 提撕也

嘶 馬鳴也

○低 晚也下也通作氐

氐 本也至也又氐四星東方之宿天根也氐者言萬物皆至也又邸也人所託宿故爲王者後宮又大氐又俛也

隄 都奚切塘也防也岸也亦作堤

羝牡一歲曰羜䍜三歲曰羝牝一歲曰羜三歲曰牂或作牴詆訶也○妻七稽切婦與巳齊者
也萋艸盛貌淒雲雨起也詩云有渰淒淒又妻旁二點作凄寒凉也悽痛心也○躋
祖稽切登也或作隮亦作齊齏凡醯醬所和細切爲齏一曰擣辛物爲之又碎也和也通作齊俗作
虀齎持遺人也持也裝也送也一曰行道所用也或作賫擠排也推也○畦田五十畝又區
也又畦畛攜戶圭切提也一曰離也俗作携觿角銳端可解結醯呼鷄切酸也作醯以酒以鬻亦
作醯○雞古奚切知時畜也天雞鶾也山雞名鵗鷄又樹雞菌也莎雞絡緯也又名梭雞樗雞稽
留止也又計也計挍也又滑稽圜轉貌酒䉶鴟夷滑稽酒器轉注吐酒終日不已若今陽燧尊又會稽山
名笄簪也女子十五許嫁而笄也其端刻雞形或作䈕○篦邊迷切竹器也本作箆亦作箄
鎞釵也掠器也○鷖烏兮切鳧屬鷗也鳧好沒鷖好浮故鷖一名漚通作翳繄戟衣也一

曰赤黑繒又語助也惟也是也通作鷖翳○迷莫兮切惑也麛鹿子也又獸初生皆曰麛或作

麑䴠○齊徂奚切齊等也又齊齊恭慤貌又齊聖中也又齊無偏頗也又猶齊速也又國名又姓也

臍肶臍也○梯土雞切木階也又西王母梯几帶勝梯凭也○泥奴低切水名又邑名

又水和土也又塗泥又紫泥金泥封

八齊二遥

○珪古攜切珪上圓下方旣分土田又以玉爲信又黍珪六十四黍爲一圭十圭爲合又圭撮四圭

曰撮又刀圭圭圭田又土圭測土法通作圭閨特立小戶也如圭形○睽苦圭切目少精也又異也

乖也又卦名睽外也奎十六星西方之宿主毒螫殺萬物又奎晝主文章○烓淵畦切行竈也

令三隅竈又明也

泆字

稊䬾銻𧋍鶙罤䨑鷈鮧媞瑅騠椑䩈錍刵袿窐封刲

㜎鼷騱谿堅鷖蠵酅巂鑴陛枅乩蠐磾蜺榼膍懠䳩

虢

佳

九佳　一選

〇佳古鞋切善也又大也好也街四通道也街衢也離也四出之路擕離而別也皆古諧切俱辭也通作階階陛也級也砌也階梯也泰階六符泰階三台也每台二星符者六星符驗上階天子中階諸侯公卿大夫下階士庶人楷孔子冢上木荄艸根也五行志单䓀根核亦荄字偕偕偕強力也能同於人是強又計偕喈鳥鳴也一曰鳳凰鳴聲喈喈〇牌薄佳切堇牌籍也牌

牓也簰大桴曰簰簰或作箄排步皆切擠也一曰推也又
也亦作簰通作排斥也刻也又彭排軍器彭
旁也在旁排俳戲也俳優也史○諧戶皆切語也和
敵御攻者也詼笑類俳倡也合也調也偶
也又詼骸脛骨也又六骸手鞵戶佳切華生
諧俳諧足首身也又百骸鞵也今作鞋○柴士
切柴薪大者可折謂之柴小者合束謂之薪豺士皆
又師行野次豎散木名柴籬又植貌又姓切豺
體細瘦謂之儕等輩也○釵楚佳切婦差貳也又參
豺棘或作犲又類也人岐笄也差不相值
也一曰擇也又使○厓五佳切山邊也珠厓郡名洪
也又夫差吳王名厓仙名亦作崖商厓地名河
渠書顏涯水畔也○埋謨皆切瘞也本作薶古者
青厓又際也厚衣之以薪曰葬薶又祭地
曰瘞薶或作貍貍沈祭山霾風雨上也晦也言如
澤山林曰貍川澤曰沈物塵晦之色或作霾○
懷戶乖切念思也又歸也一曰情也又懷抱胸臆也
又衷藏也又包也來也又謚慈仁哲行曰懷通作

裒史裒誠秉
忠亦通作裒
淮 圜也圜繞揚州北界東至于海秦望
氣者云金陵有天子氣于其方掘流
西入江亦曰淮
土俗號秦淮
○**乖** 古懷切乖戾也又睽也離也
又背也又異也又不利也
○**齋** 側皆切戒潔也又燕
居之宅曰齋或作齊
○**揩** 揩[illegible]摩拭
也或作嵌

九佳 二選

○**蝸** 古蛙切古神聖
女始制笙簧
蝸 蝸牛一名螔蝓一名陵蠡一
名附蝸亦曰瓜牛魏焦光作
瓜牛廬圓而小如蝸殼一
云螔蝓無殼蝸蜒蚰負殼
騧 黃馬
黑喙
蛙 烏媧切蛙似蝦
蟇長脚色青其
聲哇淫或作
鼃亦作䵷
娃 么佳切美女也吳楚謂好曰
娃吳有館娃宮一云娵娃
哇 諂聲
淫哇
又吐也或作
鼃紫色鼃聲

汰字

膎鮭湝䫿緒偕廲緺祡㪡羞痎蘳櫰

十灰

灰

○梅木名梅橑梅諸又三月雨曰迎梅五月曰送梅又覗容梅梅微昧也又姓　枚謀杯切枝曰條幹曰枚一曰枚箇也凡數物曰枚數事曰條又馬鞭也又銜枚止喧嚻也又鐘帶曰篆篆間曰枚鐘乳也　莓箭山莓實可食又苔也　媒媒合二姓也又媒蘖　每草盛上出又每每美田也　禖祭天南郊以先禖配故曰郊禖　瑰姑回切玫瑰火齊珠赤色瓊瑰石次玉一曰圜好或作瓌璝　傀偉也大傀異災謂日月食山川崩壅也又大貌美也盛也或作儴瓌儴傀通作瓌瑰　○該古哀切軍中約也又備也又載也　晐日之光兼覆也一云皆也咸也　垓兼垓八極地也或作畡王者舉九垓之田又數也十萬曰億十億曰兆十兆曰經十經曰垓　陔階次也陔夏樂名謂擊鼓爲登階之節又重也又南

陔隴也
荄艸木枯根也通作核
侅奇侅非常也
○**臺**徒哀切臺觀四方而高者也天子三臺靈臺時臺囿臺又臺上架屋曰臺門又輪臺國俗作基臺非也
苔水衣也本作菭水苔名石髮生牆曰垣衣在屋曰昔邪又莓苔曰澤葵
儓陪儓臣也南楚罵庸賤謂之田儓通作臺
薹艸名夫須卽莎艸也通作臺又芸臺菜名
駘馬銜脫也故謂春色舒放爲駘蕩一曰駑馬也又臺駘地名
○**回**戶恢切轉也古雷字象雷形借爲回旋之回一曰邪也又低回紆衍貌又回中地名或作廻俗作迴囬非
洄溯洄也逆流而上
徊徘徊不進貌本作佪通作回
槐槐木虛星之精又桃槐西域國名又琅槐千乘郡縣名
○**裵**薄回切長衣貌又姓伯益後封𨛫鄉後徙封解邑乃除邑從衣
培增也又益也隄也助也治也又壅也通作倍
陪重土也一曰滿也又陪廁也隨也又重也一曰陪臣陪備也貳也伴也
醅鋪杯切醉飽也一曰酒未泲或作酥
○**才**昨哉切能也質也又用也力也通作

材

材 木勁直堪入於用通作財

財 人所寶也貨也賄也

裁 制衣也剸也製也又裁度也通作財

○來 落哀切至也及也還也又玄孫之子爲來孫古作徠又距來時力二砮名

萊 蔓艸也又萊藜也又田𡒄生艸曰萊

䅘 麥也通作來又作釐

騋 馬七尺爲騋八尺爲龍凡馬宗廟用龍戎事用駥田事用騋

○隈 烏恢切水曲隩也厓內爲隩厓外爲隈或作隗

煨 盆中火也又煨燼

嵬 魚回切高不平也又石山帶土謂之崔嵬一云高峻貌或作峞通作巍又葳嵬又馬嵬山

桅 舟上帆竿

○灰 呼恢切火餘㶳也俗作灰非

恢 苦回切大也又大之也

詼 譏戲也謔也調也嘲也通作悝

魁 魁者斗之所用盛而酌之者也故言根本者皆曰魁一曰斗首四星斗杓爲魁柄爲標也魁方標曲或作櫆又凡爲首曰魁又帥也又魁頭猶科頭

○栽 祖才切生殖也種也或作𢦔

哉 哉言之間也又疑詞也嘆詞也一曰始也

災 本作烖天火曰災或作灾亦作菑又作甾

○催 倉回切迫也促

也崔齊邑名又姓也縗縗之言催也言中摧痛也或作衰○推他回切排也一曰進也又盪也擠也蓷雈也益母艸一名充蔚焞焞焞盛也○顋桑才切頷也俗作腮非䰄鬌䰄多須貌或作思○雷魯回切本作靁阿香雷神又黫雷天上造化神名又雷同罍酒尊似壺容一斛刻作雲雷象施不窮也本作櫑或作罍鑘○孩戶來切本作咳小兒笑聲頦頤頷也○胎土來切婦孕三月又凡孕而未生皆曰胎一曰始也或作殆台三台星名一名天柱或作能○哀烏開切閔也閔痛之形於聲也又謚法恭仁短折曰哀埃塵也○堆都回切聚土也白龍堆在西域離堆在蜀或作嵟追碓鎚鍛也或作追治玉也○隤徒回切下墜也或作頹墤通作穨又暴風曰頹○杯布回切亦作桮盃今飲器○猜倉才切猜賊也犬性多猜害又疑也又測也○皚五來切霜雪白也或作霼愷○能奴來切三足鼈也又黃能黃熊也○

開苦哀切張也解也闓也啓也條陳也通作闓

汰字

阫衃坏胚𨹟𨓜悝脢鋂酶鮐臮崍徠鰓毸棍緄罣壓

𢖄頤烗絯䄟部

十一眞

眞

○銀語巾切重入兩爲一流爾雅山上有葱下有銀珢石似王誾和悦而諍又中正之貌或作訔爭辯貌齗齒根肉一作齦齗齗辯爭貌垠岸也界也崖也地垿也亦作圻狺犬吠聲亦作狾嚚口不道忠信之言爲嚚夤翼眞切同寅協恭又維也九州之外曰八夤一曰敬惕也又夤緣連也寅東方辰○旬詳遵切徧十日爲旬又旬歲滿一歲也又旬始妖氣也巡視行

貌又逡巡却退貌通作遁又作循今作巡非
徇 使也一曰徧示也
循 行順也善也又依也摩也沿也又循環又循循次序貌亦作紃
馴 馬順也擾也從也善也又以漸而致曰馴致
荀 相倫切艸也一曰姓也
珣 東夷所貢之玉
詢 咨也咨親爲詢
恂 信心也一曰均也樂也慄也又溫恭貌或作洵

○**因** 於眞切就也从口大能大者衆圍就之也一曰仍也又託也緣也
湮 沒也又落也通作洇
茵 車重席也又著褥也又文茵虎皮也通作絪裀
堙 亦作陻湮塞也
禋 潔祀也一曰精意以享爲禋或作[illegible]
姻 壻家也女之所因又云婚婦家姻壻家或作婣
闉 城內重門也

○**辛** 息降切苦辛酸辛又太歲在辛曰重光一曰昭陽
新 取木也一曰初也又田二歲曰新
薪 蕘也一曰大木可析曰薪柴也又取薪給宗廟曰鬼薪
莘 所臻切太姒國也通作㜪又長貌亦作鮮
詵 致言也又衆也
侁 行貌通作駪
甡 衆生並立貌

○**鄰** 力珍切五家爲鄰一曰近也
粼 水生

厓石間粼粼也或作磷　麟牡曰麒牝曰麟大牝鹿也或作麐亦作麟又作驎　鱗魚甲也鯉魚三
十六鱗龍八十一鱗　燐鬼火也兵死及牛馬之血爲燐本作粦　轔轔轔衆車聲通作鄰　璘璘瑞
文貌一日玉文通作瞵　○頻毗賓切數也又急也連也又頻頻之黨言黨比之人　蘋本作薲沈
曰蘋浮曰藻一云浮萍卽藻也一云白蘋水生似萍青蘋陸生似莎一云蘋似槐葉連生道旁淺水中
嚬笑貌　瀕水厓一作濵　嬪婦官又服也一曰妻死曰嬪又嬪然多貌　顰眉蹙也亦作矉　貧
皮巾切貝分則貧　○純常倫切粹也篤也至也好也大也文也誠也不雜也亦作醇說文絲也
蓴字本作蒓水葵也說文蓴蒲叢也今人借爲蓴菜字　醇醲也通作淳　淳質也朴也又漉也通
作金錞以和鼓形如鐘有醇舌謂之錞釬亦作淳于　脣船倫切口耑也亦作脤俗作唇誤唇警也
漘水厓也夷上洒下　○民彌鄰切衆萌也萌而無識也民冥也　泯滅也又泯泯猶䓲䓲也

珉石美似玉珉似玉而非或作珉亦作玟岷山自梁州連綿至蜀或作崏亦作汶又作峧旻

秋天也又仁覆閔下則稱旻天閩東南越一云七閩緡釣魚繁也又吳人解衣相被曰緡又被也

又錢緡○逡七倫切復也退也又逡巡又有次第也或作後蹲皴皮細也起也踆止也伏也

退也又行走貌亦作踆悛改也又止也遵循也又率也行也習也蹲蹲蹲舞貌僎輔主

人者通作遵○申失人切七月陰氣成自申束从臼自持也又重也又明也闌也娠女妊身動

也隷謂之震通作身注云重也身身伸也總括百骸者也伸屈伸舒也又直也或作信通作申

呻吟也又曰聲引氣也紳大帶也○賓必隣切客也恭也迎也列也遵也一曰導也又蜀賓

國名濵水涯也本作瀕省作頻通作賔儐敬也彬悲巾也文質備也本作份俗作斌非豳本作

邠○倫輩也理也又等也比也又次序也亦作論淪力迍切小波又順流而風门淪一曰沒也

又淪胥淪率也又渾淪未相離貌
綸 青絲綬又艸名爾雅云綸似綸組似組綸鹿角莱組海中苔又紛綸彌綸
輪 有輻曰輪無輻曰輇又廣輪東西曰廣南北曰輪又廻旋也又輪囷言高大也
掄 擇也
○眞 側隣切僊也化也一曰實也僞之反也
振 振盛也又厚也又振振羣飛貌又舉也救也拯也奮也又動也
甄 匋窯也又陶甄又察也明也又甄姓
珍 陟隣切寶也又貴也重也又八珍俗作珎非
○均 平偏也又樂器名制長七尺繫之以絲以均樂音又成均通作鈞
鈞 居勻切三十斤又陶鈞陶家以轉者爲鈞亦作均
筠 爲贇切竹青皮
縜 持綱紐一曰縜長寸也
○辰 植隣切辰震也三月陽氣動也太歲在辰曰執徐又時也又三辰謂日月星之時也五辰五行之時
晨 早昧爽也晨伸也淸旦日光復伸見也
宸 天子之居
臣 事人也服之也
○臻 側詵切至也及也通作轃溱
榛 實如小栗或作槈亦作樺本作亲
蓁 艸盛貌
○屯 陟綸切難也屯象艸

木之初生又厚也又吝也迍迍邅難行貌窀厚也窀穸長埋曰窀長夜曰穸○陳直真切布也故也張也衆也又列也又階除又州名又姓塵鹿行揚土也填久也○人如隣切仁親也又果核中實曰仁古作𡰥亦作忎說文曰千心爲仁○嗔昌真切恚也本作謓瞋張目也或作賑○匀俞倫切少也一曰均也又偏也齊也盷墾田也○巾居銀切紛帨一曰首飾一曰巾謹也又冪也又巾車巾衣也[illegible]手揀圻○神倉隣切音與陳同靈也三神地祇天神山嶽又作旦○親七人切客至也又愛也近也躬也姻也○津將鄰切水渡也析木謂之津又氣液也又津津溢貌○秦匠鄰切國名一曰禾名又姓○囷去淪切廩之圓者圜謂之囷方謂之京又輪囷屈曲盤戾貌○諄章倫切至也誠懇貌或作啍亦作忳肫○春昌脣切歲之始也春蠢也蠢與也○椿丑倫切櫄也一曰木槿又大椿

汰字
侲帪𨁐駰諲黀齗釿鄞郇洵峋墐穫磌䥯麎榊驎璡
螓䐜麇罠敃忞鷏櫄鶉蜦貎袀甾溱姺駪獜

十二文

○賁大也一曰三足龜墳墓也土之高曰墳築土過
通作墳書序三墳水曰隄曰防大防曰墳
土中怪羊馬銜外鐵一曰扇汗朱雜香艸一
羵又大首羊幩幩以朱纏鑣扇汗也蕡曰艸木多
實大鼓通作賁火灼物也或作水厓曰濆下
貌鼖八尺而兩面焚炃燌古作燔濆平曰衍通作
墳水自河出爲灉屋棟又祥氣也又氛祲妖
江爲沱汝爲濆棼亂也氛氣或作氳通作雰枌
符分切榆也榆白爲枌○許云切煙上出也又以
一曰榆先葉後莢者熏火熏物又氣蒸也通作

酒氣（續上頁醺注：飲有）

薰俗作燻非 **薰**香艸蘼蕪 **焄**香氣 **勳**能成王功也古作勛俗作勲 **曛**日入餘光 **醺**飲有酒氣 **纁**淺絳色三入爲纁又玄纁天地之正色 **葷**辛臭蒜屬 ○**文**无分切文章也美也善也兆也華也斑也法也又青與赤謂之文又持文法深刻謂之深文法刻曰文深以文法致人罪謂之文致又經緯天地曰文 **紋**織文也凡錦綺繡黼之文皆曰紋 **蟁**或作蚊秦謂之蚋楚謂之蚊又作蚉一曰白鳥一曰黍民曰豹脚 **雯**雲成章也 **聞**知聲也亦作聳 **閺**低目視也又地名閺亭一作閿 ○**雲**于分切山川氣也五色爲慶雲三色爲矞本作云 **云**言也語辭也又友也旋也云云衆語也又云云地名通作員 **芸**芸芸物多貌又芸艸可辟蠹 **紜**物數紛紜通作員亦作沄又作云 **耘**除苗穢也通作芸 **員**物數也又益也亦作云 ○**芬**數文切本作𡴘艸初生分布也初生莩甲也又香也艸初生故香 **紛**馬尾韜也一曰衆也又紛紛亂也 **分**方文切判也裂也與也又賦也

施也又一黍之廣爲一分又半也又徧也匪頒匪讀爲分○**羣**渠云切輩也羊性好羣居也又隊也衆也聚也俗作群**裙**下裳也本作帬亦作帬**宭**羣居也○**欣**許斤切或作俽俽亦作訢通作忻**昕**旦明也日將出也**炘**熱也又炘炘光盛貌○**勤**巨巾切勞也又盡也通作廑亦作瘽**芹**楚葵水芹也一名水英又荻芹取根赤芹取莖又馬芹俗謂胡芹可調飲食○**斤**舉欣切斫木斧也或作釿又十四銖爲兩十六兩爲斤六兩爲鍰**筋**骨絡肉之力也竹物之多筋者故从竹俗作䈥非○**殷**於巾切說文作樂之盛稱殷一日中也又大也正也衆也**慇**痛也又慇懃也○**君**舉云切尊也尹也正也長民之通稱君者羣也羣下歸心也**軍**五師爲軍萬二千五百人本作𠣍○**氳**於云切氤氳氣貌通作絪縕**熅**鬱烟也**垠**魚斤切

汶字

沄妘鄖縜汾朌獖黂饙臐獯麇雰氛帉蒑磤濦㥯穩

慬

十三元　一選

元

○**元**愚袁切始也大也又長也首也又氣也又本也一也**黿**似鼈而大黿介蟲之元也天地之初介潭生光龍光龍生玄黿玄黿生靈龜靈龜生庶龜凡介者生於庶龜又天黿辰星次名一曰玄枵**原**高平曰原本作邍又再也又推原也又本也亦作源又姓**嫄**有部氏女姜嫄**源**水之本也本作灥通作原**袁**姓也又地名俗作袁非**轅**車前曲木上句衡者謂之輈亦曰轅**湲**潺湲水流貌**媛**嬋媛美貌一曰牽引貌又枝相連引也**猿**禺屬善援本作蝯俗作猨亦作爰**園**所以樹果又曰養鳥獸曰苑苑有垣曰園**爰**曰也於也行也為也引也又緩詞又爰爰緩也又換也以文書代換其口

辭又爰田田三年一易以同美惡 援 引也扳也牽也又鉤援上城樗又畔援跋扈也 垣 垣猶院周繞之意卑曰垣高曰墉援也人所依阻以爲援衛 ○寃 於袁切屈也枉曲也一作冤又作冕 鴛 鴛鴦也匹鳥雄鳴曰鴛雌鳴曰鴦凡夗當作夗俗作夗处 鵷 鵷雛鳳屬一作宛雛 宛 地名又大宛西域國名 眢 目無明也又廢井 ○暄 况袁切溫也本作煖或作烜亦作暖誤 萱 一名忘憂一名宜男本作㛄亦作萲通作諼 喧 鷩嘑也或作讙亦作嚾通作諠 諼 詐也忘也或作諠 塤 土爲之銳上平底如稱錘六孔一云八孔本作壎大如鴈卵曰雅塤如雞子曰頌塤雅篪長尺四寸頌篪尺二寸 ○鶱 飛貌騰鶱也讀作愆誤 軒 虛言切車曲輈也廂也卿車犀軒夫人魚軒闌板曰軒一曰檐宇之末曰軒又前頓曰輊後頓曰軒或作轓轓又肉腥細者爲膾大者爲軒 掀 舉出也一曰引也以手高舉也 ○攑 丘言切舉也或作揭 蹇 走貌 ○言 語軒切直言曰言論難曰語言宣也

宣彼之意也又發端曰言荅述曰語又言言高大貌又我也

十三元 二選

○煩符袁切熱頭痛也一曰勞也又不簡也悶也 墦冢也 燔爇也又炙肉曰燔又燔烈傅火曰燔貫之加於火曰烈 繁多也又雜也通作緐又通作蕃 蕃艸茂也又息也滋也通作番 樊鷙不行也樊籠也又山樊山邊也又國名又姓又樊籬一作棥 蘩白蒿也春初生香可食 袢袢煩溽也近身衣也衣無色又袢延熱氣 ○翻孚袁切翻翻飛也或作飜亦作拚又反覆也通作幡又作反俗作翻 番數也又次也重也又遞也更也 幡書兒拭觚布觚八稜木于上學書書已以布拭之又酒家幡布又㤓悅也織也 旛旛胡也旐旗旐幅下垂者 璠璵璠魯之寶玉 潘米瀾也淅米汁 反平反也理正幽枉通作幡

十三元 三選

○昆 古渾切同也咸也又後也又明也又昆蟲昆侖山名 晜 兄也通作昆 琨 石之美者一曰石似珠 崐 崐崘山名亦作混淪又作昆侖崑崙又混夷 鯤 大魚又魚子一曰鯤鮞或作鰥鰥亦作卵 鵾 鷄三尺為鵾本作鶤一曰陽溝巨鶤古之鷄名又鳥名 褌 襃衣也本作幝或作幌褌 坤 枯昆切地也土位在串也古作巛亦作臾 髡 鬄髮也髡為城旦舂 ○敦 都昆切怒也詆也一曰大也勉也誰何也又迫也 墩 平地有堆者通作敦或作整 惇 厚也通作敦 暾 他昆切日始出或作吨 哼 口氣也或作敦 焞 明也一曰灼龜炬又天策焞焞無光耀也 ○門 莫奔切門聞也又捫也言在外為人所門摸也君之門九重 璊 玉䞓色赤玉也本作璊從蔏誤 捫 撫持也摸也 虋 山絕斷水處虋之言門也又浩虋山名 ○昏 呼昆切日冥也又闇也蒙昧也或作昬古作旦

又夜合昏合花名合昏○婚 婦家也或作昬 惛 不明了也通作殙 閽 常以昏閉門隸也門者晨昏啓閉亦稱晨門○屯 徒渾切聚也勤兵而守曰屯 芚 木始生貌又菜名又愚芚無知貌又渾芚不分察貌 豚 小豕也或作豘亦作豘遂通作肫 臀 髀也腿𩪘也又底也亦作臋○孫 思渾切子之子曰孫孫之子爲曾孫曾孫子爲玄孫玄孫子爲來孫來孫子爲晜孫晜孫子爲仍孫仍孫子爲雲孫又織女曰天孫岱嶽亦名天孫 飧 晡時食也一曰熟食或作餐亦作飡食 蓀 香艸生溪側名溪蓀似石菖蒲而葉無脊楚詞惟言蓀喻君蓋蓀於藥性爲君或作𧄍亦作荃又作䔍蘣○論 盧昆切議也說也思也謂應和難詰首尾以終其事 掄 擇也 崙 崑崙山有三角北名閬風巔西玄圃臺東崑崙宮有五城十二樓○歕 鋪蒐切吹氣也一曰潠也吐也通作噴 噴 叱也一曰鼓鼻 黁 諸昆切溫黁○尊 祖昆切高稱也又重也敬也君父之稱也 罇 酒器本作尊六尊犧象著壺太山六

者或作盫甗墫通作樽〇存徂尊切恤問也亦在也亦察也蹲踞也或作蹲亦作踆〇奔博昆切走也堂上謂之步門外謂之趨中庭謂之走大路謂之奔或作犇或作犇左傳作賁〇賁勇而疾走曰虎賁〇根古痕切根柢也本也又天根星名氏也又金根車名又倉琅根宮門銅鐶也〇跟足踵或作𨄞〇痕胡恩切瘢也俗作痕誤〇恩烏痕切惠也又澤也愛也隱也〇吞吐根切咽也又吞滅也又并包也〇村此尊切墅也聚落也通作邨〇盆蒲奔切盎也盆謂之缶盆實二斛或作瓫

汰字

沅蚖黿騵蕷蹯蠜礬鞬犍腱揵焞谆庵軘樠虋螈薞

侖錀棔唔蜿輐菅鼲沄緷轓繙笲楥洹狟帑報

寒

十四寒　一選

○**干** 古寒切犯也一曰澗也又水涯也又求也又射干木名又艸名闌干横斜貌又闌板又若干干箇也通作奸亦作忓又通作竿謂竿摩

玕 琅玕樹有五色青者入藥

肝 木藏也肝幹也其體狀有枝幹也七葉

乾 燥也本音虔借爲乾濕字又得利爲乾失利爲没又桑乾河或作漧通作干

竿 竹挺也又竿牘通作干

奸 犯淫也又不以道犯也通作姧

○**寒** 胡安切凍也又捍也捍格也

韓 國名

翰 天雞羽有五色者又毛羽也

幹 井垣也井上木欄又曰銀床本作𩏑省作韓今作幹通作翰

汗 漫汗大水也又人液也又姓

○**丹** 都寒切巴越之赤石也又赤色謂之丹又壯丹又木丹梔子花也古作甘形

單 大也一曰隻也獨也單複之對也又薄也俗作单非

簞 小筐盛飯食者方曰笥圓曰簞

鄲 邯鄲縣名

殫 極盡也竭也通作單

○**灘** 他十切水濡而乾也今俗假借

爲水灘字瀨也本作渾　攤手巾也又用也按也又攤蒱四數也亦作擊　嘆太息也本作歎　嘽
喘息也又衆也盛也又閑暇有餘力貌又迂緩貌　○闌落干切門闌也一曰晚也又希也失也又
遮也又飲酒半罷半在曰闌又褪也盡也衰也俗作東非又門闌一作欄　瀾大波也又泥瀾流貌通作
蘭萑蘭渧泣流貌　蘭香艸闌不祥也一名蔺蘭以闌之蔺以間之義一也又林蘭梔子一又木蘭又
姓又蘭皐山名　○壇徒干切坦明貌一曰封土爲壇除地爲場或作墠　檀木也彊靭之木　彈
行丸也丸射也或作殫又鼓爪曰彈又糾也劾也　○安烏寒切止也又靜也徐也寧也平也又定
也何也心無媿也又寬容和平曰安　鞍馬鞍具本作韋又地名　○跚相干切蹣跚行不進貌跛
行貌通作姍嫳姍行遲亦作散曰嫳散　珊珊瑚生于海或生于山又闌珊彫散貌又珊珊佩聲　○
看苦寒切睎也以手翳目而望也或作翰俗作看非　○刋刻也削也定也篆文作栞　○難

那干切鳥也本作鶇今假借爲難易之難又重大也又木難珠名生東夷

○殘昨干切賊也本作戔兵多則殘又餘也又凋傷也零落也又害也

○餐七安切吞食也又飲餌曰餐又作饡俗作飡非

十四寒 二選

○盤薄官切本作槃承槃也或作柈古作鎜

磐大石一曰山石之安者或作砕古作般通作盤

鞶大帶也或省作鞶

繁馬髦上飾繁纓繁馬腹帶也纓馬鞅也或作緐亦作䋣亦作樊

蟠大也又曲也伏也一曰龍未升天謂之蟠通作盤

磻磻溪名一曰以石著惟繁

弁小弁詩篇

胖大也

般樂也或作弁亦作卞通作槃亦通作盤

瘢痍已愈有痕曰瘢

○漫毋官切水廣大貌

鏝鐵杇也泥也或作槾亦作墁

謾欺也

䨲雨露濃貌蒙䨲也

瞞平目也又目瞼低也

○官古丸切吏事君也又君也法也事也又職也使也公也又司主也又天子曰縣官又曰太官又官舍

日官**棺**闕也所以掩屍**觀**諦視也一曰常事曰視并常曰觀**冠**冠所以豢髮卷束也聖人見鳥
獸有冠角䫇胡之制遂作冠冕纓緌或作帽**倌**主駕車者○**鸞**落官切赤神靈之精也赤色五
采雞形鳴中五音鳳凰之佐俗作鳶非**巒**山小而銳**鑾**人君乘車駟馬鑣八鑾鈴又和鑾和在軾
鑾在鑣通作鸞又作鑾**欒**木蘭也天子樹松諸侯栢大夫欒士楊樹謂冢樹一曰曲枅木又鐘之兩
角爲欒又欒欒瘠貌又檀欒竹貌○**歡**呼官切喜樂也或作懽驩俗作歡非**驩**馬名又艸名
讙譁也亦作嚾○**丸**胡官切圓也從反仄仄者一面欹而不可回也是故仄而可反爲丸丸可
左可右也**桓**亭郵表表雙立爲桓又墓中四植衬曰桓又桓桓威也又辟土服遠曰桓**紈**素也○
團度官切圓也又聚也或作專亦作园又作塼通作敦**漙**漙漙露多貌或作䨵亦作䨵溥通作專
摶以手圓物也又摶擊也或作摶摑○**湍**他端切疾瀨也**酸**素官切酢也曲直作酸又寒酸

也今作寒朘　○刓吾官切剸也一曰齊也又印刓敝又圜削也亦作园又作抏通作玩　○剜烏丸切削也　○寬苦官切屋大也緩也愛也裕也又不猛也　○鑽借官切所以穿也　○

端多官切直也一曰正也始也又緒也等也又審也又布帛曰端一丈八尺為端又云倍丈謂之耑倍耑謂之兩倍兩謂之匹通作耑　○攢徂丸切簇聚也通作鑽　○潘普官切淅米汁也可以沐一曰水名在河南滎陽又姓

汰字

幝岏獂博髖鬗

十五刪　一遻

還復也反也又顧也退也又廻也又歸也償也　闤戶關切市垣也又闤闠闠市門也　環

璧也肉好若一謂之環通作瑗 **鐶** 金鐶也鐶與環俗多通用 **鬟** 屈髮為髻 **寰** 天子畿內縣 **鍰** 鋝也一曰金六兩為鍰二十四銖為兩兩有半曰捷倍捷曰舉倍舉曰鋝謂之鍰又黃鐵也又錢也 ○ **班** 布還切班分瑞玉也從刀以割制之也一曰次也別也又布也或作辨通作般 **斑** 駁文也本作辬一曰雜色曰斑古作貢 **頒** 本頒首字一曰賜也讀為班布之班或作攽 **般** 還也與班義同 **扳** 引也又音攀 ○ **關** 古還切以木橫持門戶也所以閉也又門杜也扃也又要會也又城塞門也又通也又關白又間閑又閑捩俗作閑從廾皆非 **瘝** 病也或作瘝恫瘝也通作矜 **鰥** 古頑切大魚也又魚子名鯤鰥古字通用又老而無妻曰鰥通作矜 **綸** 青絲綬 ○ **彎** 烏關切持弓關矢也或作關亦作貫 **灣** 水曲也 ○ **刪** 所姦切剟也冊冊書也又除削也冊本作冊冊增韻作冊冊俗作冊冊誤 **潸** 涕流貌 ○ **孱** 鉏山切進也又孱劣也弱也一曰呻吟也 **潺** 潺湲流水貌 ○ **山** 所間

切宣也宣氣散生萬物○蠻莫還切南方曰蛮俗作蛮非○頑五還切愚也又癡也鈍也又心不則德義之經爲頑○斕離閑切斒斕色不純也或作斒亦作璘○攀普班切引也或作攀亦作扳

十五刪　二選

○間古閑切門當夜閉閉而見月光是有間隙也又病間一曰中也又近也又黃間弩名大黃弩之大者蕑蘭也今都梁香也艱艱也根也如物根也籀文作囏亦作墐姦古顏切私也一日僞也亂在外爲姦在內爲宄或作姧奸古作悬菅白茅也巳漚爲菅慳苦閑切悋也○閒戶閒切安也暇也又散也冗也通作閒閑止也閑猶闌也又防也禦也大也法也習也又馬闌天子馬十二閑一閑二百一十六匹鷴今文作鷴似雉尾長嫺雅也閒雅逶迤若女子之義作嫺○

殷么閑切赤黑色左傳朱殷謂血深也〇顔五姦切眉目之間額角曰顔又顔容也又羼顔山高皃〇潺擭頑切潺湲水流皃〇斒逋閑切斒斕色不純亦作𤥖

汰字

鷴 憪

詩韻更定　卷之一　[illegible]　畢

世書堂詩韻更定卷之二目錄

下平聲

添一字　一先　共二百一十字　選一百五十六字　汰五十五字

二蕭　共一百七十六字　選一百二十字　汰五十六字

三肴　共六十八字　選四十九字　汰十九字

四豪　共一百零八字　選七十八字　汰三十字

五歌　共九十九字　選七十七字　汰二十二字

六麻　共八十六字　選六十七字　汰十九字

添五字　七陽　共二百零八字　選一百八十二字　汰二十三字

八庚　共一百六十五字　選一百四十四字
汰二十一字

九青　共七十三字　選六十三字
汰十字

十蒸　共八十六字　選六十九字
汰十七字

十一尤共一百八十七字　選一百六十一字
汰二十六字

十二侵共六十二字　選五十四字
汰八字

十三覃共五十九字　選四十九字
汰十字

十四鹽共八十一字　選六十五字
汰十六字

十五咸共三十二字　選二十七字
汰五字

世書堂詩韻更定卷之二 下平

鄞湖吳國縉玉林甫編輯

一先

○銓且緣切衡也一曰度也又量也次也或作硂亦作輇詮具也晉書詮論謂具說事理也一曰
擇言也一曰解喻也痊病除也佺偓佺堯時仙人悛止也一曰改也又次也筌取魚竹器
莊子作荃香艸可以餌魚荃香艸蓀也竣退也跧莊緣切蹴也音與專同○旃旗曲柄也
通帛爲旃又之也或作旜氈諸延切撚毛也供其毳毛爲氈或作旃俗作氊饘糜也疏云厚曰饘希
曰粥亦作𩜳餈飦又作餰邅行不進貌或作亶亦作儃鱣張連切即鱘鰉魚羶式連切本作羴
羊臭也亦作膻挻取物而逆曰挻又揉也和也又引也梴抽延切長木松桷有梴又碓機也自關而

東謂之梴○禪市連切靜也又代也或作嬗蟬方言蜩秦晉謂之蟬楚謂之蜩宋衛謂之螗或

作蟺又貂蟬冠名銜蟬貓名埏地際也八埏注地之八際鋋小矛也澶澶淵地名單太歲

在卯曰單閼匈奴酋長曰單于嬋嬋娟好貌通作嬗○箋則前切表識書也一曰編也詩註曰

箋或作牋亦作藁椾戔戔戔委積貌一曰顯見貌韉馬韉具或作韀韉通作帴濺濺濺水疾流貌

或作淺亦作濺通作碊煎子仙切熬也方言有汁而乾曰煎諓巧言又淺薄貌湔手澣也滌

也洒也傍沾也又水出蜀縣虒山○權巨緣切黃華木也一曰反常也一曰稱錘又事任也又暫

也卷曲也又一卷石猶區也又大卷黃帝樂名顴輔骨曰顴或作髖通作權鬈髮好也又髮曲

拳手也一曰拳拳憂也又奉持貌攣閭緣切係也又拘攣也又戀也棬屈木盂也或作圈䀇○

先蘇前切始也故也褼褊褼衣貌蹮蹁蹮施行貌又舞貌或作躚亦作遷僊相然切亦作仙

廯廩也鮮鳥獸新殺爲鮮又魚也又善也又色麗曰鮮或作鱻○田徒年切田陳也又云塡也

五稼塡滿其中也又大鼓也畋平田也又畋獵或作甸亦作⿰犭田獻通作田亦通作佃佃治土也又

古卿車鈿金華飾闐盛也駢闐也又闐闐盛貌又滿也通作顛窴塞也又加也滿也或作塡

亦作鎮又作嵮○延以然切長行也一曰陳也及也又納也遠也又遷延又淇上山藥一名玉延

筵竹席也度堂以筵筵一丈又鋪陳曰筵籍之曰席又初在地一重曰筵重在上者曰席綖冠上

覆通作延用三十升布染黃覆冕上蜒燕北謂易析曰祝蜒又蟃蜒獸名似貍長百尋又蚰蜒蟲名又

蜿蜒龍貌姸五堅切美好也研𥗋也又窮究也又計研研古善計者曰研研桑心計於無垠○愆

丘虔切過也又差爽也又惡疾曰愆或作諐⿺辶侃褰袴也又摳衣或作⿰衤蹇裷搴取也本作攓通作騫

鶱馬腹病一曰虧也鶱音掀飛貌此鶱字不訓飛牽苦堅切叶牛之縻也又牲腥曰餼生曰牽或作

摼亦作掔**开**开平也又罡开二羌○**煙**烏前切火氣也或作烟**咽**嗌也咽喉也咽者嚥水喉

者候氣或作胭嚥臙**燕**國名又姓**嫣**長貌**焉**語助又何也**嗎**虛延切樂也一曰笑貌一曰嗎

嗎喜也或作嘕通作嫣○**連**力延切合也續也還也又胡人呼天爲祈連**聯**連也又官聯十

家爲聯八閭爲聯通作連又聯綿一作連綿蟬聯亦作蟬連**漣**漣漪風動水成文又泣貌**蓮**落賢

切芙蓉之實古作苓**憐**哀也又愛也或作怜**零**先零西羌名○**顛**都年切頂也又顛倒或作

顛俗作顛**巔**山之頂也**滇**益州地名滇池原廣末狹似倒流通作顛**蹎**跋也一云蹎也通作顛

瘨病也○**千**蒼先切**阡**路南北曰阡東西曰陌又路皆曰阡又壟也通作仟漢志仟佰仟謂

下錢佰謂百錢**芊**芊芊茂貌**遷**七然切登也本作遷又徙也謫也**韆**北方爲鞦韆戲以習輕趫

漢武後庭之戲爲千秋祝壽誤作秋千○**邊**布玄切畔也或曰近也又邊陲也又姓**籩**竹豆

也容四升或作舅 **編** 次簡也又列也又春官掌王后之服爲副編 **鞭** 卑連切驅也一曰扑也一曰馬撾 **箯** 竹輿一名編輿 ○ **儇** 隳緣切慧也利也小才也通作翾輕薄巧慧也 **嬛** 材縈也一曰便嬛輕麗貌 **儇** 辨急也 **獧** 疾也 ○ **旋** 似宣切周旋旌旗之指麾也又疾也又回也斡也又鐘懸謂之旋旋蟲謂之斡又溲便 **還** 復返也通作旋或作獧亦作睘 **漩** 回泉也本作淀 **璿** 美玉也或作旋亦作琁又作璇 ○ **駢** 部田切駕二馬也又駢聯 **緶** 交枲也一曰緁音妾緁著衣也或作編 **胼** 胼胝皮堅也或作跰通作駢 **輧** 婦人車四面屏蔽者 ○ **貟** 物數也又官數也本作員又音云又烏貟貓名 **圓** 王權切天體也本作圜一曰金也又圜法錢也通作員俗作貟 **幁** 幅幁幅廣也幁均也又作圓 **湲** 潺湲水聲 ○ **沿** 與專切緣水而下也沿順流泝逆流俗作㳂非 **緣** 因也一曰衣飾又貟緣連絡也又循也 **鳶** 鷙鳥似鴟而小本作鴍或作戴 **捐** 棄也除去也損也委也又

死病日捐瘠○纏直連切繞也一曰束也或作繵廛一畝半一家之居也一曰市物邸舍曰廛

一曰民居區域之物或作壥鄽躔踐也星所履行故曰星躔又歷也日運爲躔月運爲䠥又居也瀍

水名左伊右瀍○賢胡田切多才也一曰善也大也又過也古作臤贀弦弓弦也又月半之名

絃八音之絲也通作弦舷船邊也○鶪古玄切杜鵑鳥名又花名涓小流又官名中涓

蠲明也潔也除也又馬蠲月令腐艸爲蠲娟縈緣切娟娟好也又嬋娟美好貌又便娟舞貌或作

嬛亦作嬛○專職緣切單也誠也獨也自足也壹也純篤也通作剸摶甎燒墼也甓也古史考

烏曹作甎或作甎塼又作甎顚頭顚顚顚謹貌又顚蒙也○篇芳連切書也篇聯也篇徧也出

情鋪事明而徧也偏頗也傍也又半也又鄙也衺也又五十人曰偏二十五人曰兩翩疾飛也緝

緝翩翩往來貌通作篇○堅古賢切剛也又固也又中軍曰中堅肩髆也又任也又勝也又克

也作也栟屋櫨也或作桷○宣須緣切偏也揚也通也又明也又召也又宣畝令民偏發土地又巽爲宣髮髮黑白雜也瑄璧大六寸通作宣脧縮也民日脧月削○緜彌延切纏之别名精日緜粗日絮又弱也又緜緜不絶貌又密也或作綿又纏綿綢繆也櫋屋邊聯也眠莫賢切本作瞑翕目也今作眠又芊眠色深貌○便毗連切安也又習也宣也又便便辯也又肥滿貌又溲也平平辨治也又均也楩木似豫章或作梗○乾渠焉切从乞乞物之達也又健也又君也堅也又勤也或作揵俗作乹非虔虔行貌恭也固也又殺也虔劉又矯虔○穿昌緣切通也孔也委曲入也鑽也貫也又鑿也或作窅川川貫穿通流水也○全疾緣切完也本作仝从入从工泉濫泉正出涌出也沃泉垂出下出也沈泉穴出反出也又貨泉錢也○淵烏玄切回水也一日深也水出不流日淵止水也古作𣶒渕俗作淵非鼘鼘鼘鼓聲亦作咽通作淵○玄胡涓

切幽遠也又黑而有赤色又深也又深也微也**縣**擊也又絕也俗加心者非○**潺**鋤連切水流貌

一曰潺湲水聲**孱**呻吟也又懦弱曰孱又不肖也○**前**昨先切本作歬不行而進也先也前後之

對又進也或作剃**錢**昨先切泉也其藏曰泉其行曰布又銚也古者田器○**椽**直攣切榱也秦

謂之椽周謂之榱齊魯謂之桷**傳**遽也驛車爲傳遽又臚傳又傳授○**天**他前切天顛也至高

無上又刑名刺鑿其額曰天古作兲萈○**年**奴巔切本作季穀一熟也又進也又稔也夏曰歲商

曰祀周曰年唐虞曰載○**然**如延切燒也古作𤒎一曰如也又語助又燕然山名率然蛇名又果

然猿屬黑頰有髯生相序死相赴○**船**食川切關西謂之船關東謂之舟黃帝臣工鼓貨狄作船

俗作舡非○**燀**稱延切火起貌○**甎**稽延切甎陶又察也免也又行師左右兩甎猶言兩翼

○**邅**淳沿切往來數也疾也

汰字

蠉翾譞祅㬈壖撋駩絟犍騝騝蔫硗媊䅵豣鶣蚿㰊

磌騹岍汧骿蠙弸稍䮁蛽郱騀鸇驙牷犉蝝蜎鯿篇

卷

二蕭

蕭〇遙餘昭切遠也或作遥亦作隃又作踰姚舜居姚墟因以爲姓一曰姚娆也又姚易姚冶僄姚又姓通作窕窕冶也搖動也又消搖翺翔貌招搖申動貌又北斗第七星名又步搖首飾謠本作䚻徒歌也有章句曰歌無曰謠通作繇颻飄颻上行風也瑤美玉傜使也役也通作繇亦作繇蘨草盛貌通作繇繇隨從也一曰由也又皐陶史作咎繇或作繇陶陶陶和樂意皐陶亦作繇

軺小車也立軺并馬　窯燒瓦窯也或作窰　堯五聊切高遠也又陶唐氏號又翼善傳聖曰堯古作兟　嶢嶕嶢山高貌或作嶤　垚土高貌　○蕭蘇凋切荻蒿白華科生又蕭蕭也又蕭條蕭瑟　簫參差管樂象鳳翼聲肅肅清也雅簫尺三寸二十四彄頌簫尺四寸十六彄矩簫二十一管䡎中鼓吹樂或作箾　瀟瀟瀟風雨疾又瀟湘二水　宵思邀切夜也山下冥也又宵定昏也又小也又奔宵八駿馬名　逍逍遙翱翔也通作消消搖也　銷鋪金也又鑠也鎔也　消盡也滅也又衰也退也釋也殺也　霄霄雪今人所謂濕雪着物則消又雲霄近天氣古作⿰黹肖⿹气肖　綃生絲繒一曰綺屬或作縿亦作繡通作宵　哨口不正曰哨又哨哨不正也又多言貌　翛翛翛羽數也又翛然飛羽貌亦作⿰肖羽　○苕陵苕艸今凌霄又水名在吳興又苕苕高貌　調和也又調調動搖貌　跳徒聊切蹶也一曰躍也又舞貌又獨出意　條小枝也又枝曰條幹曰枚又條暢達也又長也一曰木名山楸又條

教條貫或作㯹 **鞗** 革轡也以絲曰轡从革曰鞗又作鋚 **迢** 迢遰也一曰迢迢高貌 **髫** 髫髦童子垂髮 **齠** 始毀齒也 **蜩** 蟬也宋曰螗蜩鄭曰蜋蜩秦晉曰蟬 **佻** 佻佻獨行貌又輕薄不耐勞苦貌 ○ **聊** 落蕭切聊聊耳鳴也又語辭又且也又賴也又華聊良馬 **寮** 同官爲僚又官僚朋僚通作僚又窗曰綺僚或作聊聠 **寥** 空虛也又寂寥也寥廓也本作廫亦作嵺寥通作廖漻 **遼** 遠也又水名出高句驪 **料** 量也从米在斗中 **撩** 理亂謂之撩理又攏取物爲撩又挑弄也 **鷯** 鴟鷯一名剖葦又鷦鷯又名桃蟲又名巧婦女匠又名桃雀工雀韈雀輒爲鵰鶚或作雛 **嘹** 嘹亮鳴聲也一曰噭夜通作廖 **僚** 賤稱 ○ **標** 木標言末也又表也又標標記標格標置 **飆** 卑遙切扶搖風也旋風古飈字亦作飄或作颮又作熛通作猋 **杓** 北斗柄第一星取此爲名猶標也又一至四爲魁五至七爲杓 **幖** 幟也立木繫帛也 **鑣** 悲驕切馬銜也包也在旁包歛其口又鑣鑣盛貌或作臕 **穮** 除田穢或作穮通作

麃亦作藨 **臕** 脂肥貌 **儦** 行貌又儦儦衆貌或作𢕔通作麃 **瀌** 瀌瀌雨雪貌瀌猶浮也又盛也

○**澆** 堅堯切沃也一曰薄也或作㵀 **驍** 良馬一曰健也 **梟** 不孝鳥一名流離又梟騎勇也又梟盧樗蒲菜名又曰雜梟 **徼** 循繞也邊徼之徼又求也要也又抄也抄人之意以爲已有又徼倖之徼

嘵 嘵嘵恐懼告愬意或作譊憢 **囂** 虛嬌切聲也又塵土也又囂囂自得貌或作嚻 **歊** 氣出貌或作歊歊歊氣盛貌 **枵** 玄枵枵虛也 **鴞** 于嬌切鴟屬惡聲鳥鴞一名鵩梟一名鴟

○**要** 於宵切約也又要勒也又察也要察因情 **腰** 身中也本作𡠿隸作要或作䙅 **嚶** 嚶嚶蟲聲 **邀** 遮也求也或作儌通作要 **妖** 於喬切巧也艷也本作䉰一曰女子笑貌 **訞** 語祅詳也一曰巧言通作妖 **夭** 和舒貌夭夭如 **么** 伊堯切小也幼也俗作么又幺麼

○**貂** 都聊切鼠屬貂蟬冠飾貂內勁悍而外溫潤蟬居高飲潔或作鼦 **鵰** 本作雕大鷙鳥翮可爲箭又雕雕章明貌 **刁** 刁斗以銅作鐎受一

斗晝炊又撃以行夜又刁刁風微動貌又姓
凋 半傷也又瘠也通作彫亦通作雕
彫 琢文也又畫文也通作雕敦亦作錭
舠 吳船也或作䑼
琱 治玉也通作彫亦作敦
○喬 巨嬌切高而曲也木上句曰喬又高也又重喬注矛矜近上及室題所以懸毛羽
橋 水梁也橋之爲言趫也矯然也又木名
僑 高也又寄寓也
翹 渠遙切尾長毛也鸞旗曰雞翹又企也又翹翹高貌又錯雜貌又危也
劭 精異意又勸勉也又美也
招 舉也又揭也
○驕 舉喬切馬六尺爲驕又驕矜
嬌 態也妖嬈也
憍 逸也矜也憐也恣也通作驕亦通作喬
穚 禾秀又莠草長茂貌通作驕亦作喬
○饒 如招切飽也一曰益也多也又姓
橈 楫也或作𦪇櫂之短者
蕘 芻蕘薪采者芻飼牛馬之草蕘供燃火之草又燕菁萊曰蕘
嬈 嬌嬈妍媚貌
○挑 吐凋切撓也一曰擽爭也又挑撥也取也杖荷也
祧 遷廟也遠廟爲祧去祧爲壇祧超然上去意也通作庣
恌 愉也本作佻或

作窕輕窕也亦作聎通作挑

○超敕宵切跳也越也

怊奢也又怊悵失意

弨反弓也弛弦而體反也又弓也

○樵胙焦切散木也又取薪者也或作穛

譙國名又譙樓門上爲高樓以望曰譙故謂美麗之樓爲麗譙通作樵

憔憔悴憂患也或作顦顇亦作嫶憂愁面省瘦曰嫶冥嫶妍又作癄亦作焦通作醮

○椒本作茮茮榝類又山椒山巔也

焦即消切火所傷也本作𤎅通作燋或作爑

蕉芭蕉通作焦云甘焦一名巴且

○招止遙切手呼也以手曰招以言曰召

昭日明也又昭昭小明也又覿也聖聞周達曰昭或作炤

朝陟遙切旦也自旦至食時爲終朝又三朝歲之朝月之朝日之朝又朝鮮東方國

○鼂馳遙切匽鼂蟲名俗作晁又姓

朝覲君之總稱又朝見曰朝夕見曰夕又朝廷也古作翰

潮本作淖早曰潮晚曰汐月精生水月盛則潮大

○苗眉鑣切穀曰苗凡草始生亦曰苗又夏獵曰苗又衆也从艸从田俗作苗非

描畫也

○漂紕招切浮也又

流也或作瀏　飄風回風又飄颻又吹也通作漂亦作縹亦作票　○韶時饒切虞舜樂韶紹也又
古和樂之樂皆曰韶一曰美也　○燒式招切爇也　○鍬遙此
韶華韶光取此或作磬亦作招
切田器本作斛或作斛
亦作銚銚削也又作𨥬　○瓢毗霄切蠡也半破瓠

汰字
蠨颵鰷僥敿鐐僇繆飂獠漻嘐僥膮恔痟蛸掣簫𩞄
獢燋䳼膲鐎爊噍䍃䌛珧褕鷂嗂愮佋鉊釗猋熛髟
𥈕麃藨剽緢貓葽紗篍橾茯枖趫橇翲彯僄莜

三肴
肴　○庖薄交切廚也又庖宰殺之所庖烹飪之所通作包　鞄柔革也　咆咆㙚熊虎聲或作嚥

匏瓠也取其可包藏物也瓠甘匏苦匏炰毛炙肉也
可渡水又匏瓜星名或作瓟包苞又肉置火
中月炰爇之曰燔包布交切包容也一曰裹也苞草
近火曰炙或作炰通作苞裹曰苞藉曰苴名
今作庖者又枹木叢生曰枹又大胞彼交切拋擲也
本也茂也名通作苞亦作包胞胎也或作
標亦作抱泡水出山陽平樂跑蒲交切足跑地○交
又作㲒又水上浮漚也也一曰蹴也
古肴切交脛也又戾也共也合也領也交加參郊距
錯也又交交飛往來貌又交交小貌又友也國
百里爲郊邑外蛟龍屬無角四足細頸大者數鮫海
爲郊又祭名鬭生子如一二斛瓮通作交魚
皮可茭乾芻也艸名周禮弓人教本作斈放效膠煑
飾刀茭解弓檠謂接中也也使之爲也皮
爲膠黏也一曰歕也糾也又東膠學名飾也咬咬
飾物者所以致其文又膠膠聲也又擾也鳥聲
通作○梢所交切木枝末又竿也樂者所執又蒲梢
膠嘐良馬名又船舵尾曰梢故篙師曰梢子或

作箱捎取也掠也又芟也鞘鞭鞘又吟鞘筲飯帚曰筲一曰飯器一曰箸筩本作箱弰
弓末也髾髮末也垂髾髮後垂也○肴何交切以肴饌言則肴餚殽通以淆亂言則淆殽通
以崤函言則崤殽肴通爻爻交也爻者效也爻者言乎變者也淆混淆濁水通作殽殽相維
錯也○鐃尼交切小鉦也以金鐃止鼓呶讙聲又譊呶或作詉譊恚呼也一曰譊譊語也
○虓虛交切虎怒鳴一曰師子或作猇亦作唬烋包烋氣健自矜貌或作咻哮豕驚聲或作㹲
○鈔取也略也又謄寫也或作摷亦作抄剿譟楚交切代人說也或作勦猶擥也抄也勦
勞也輕捷也○茅莫交切菅也可縮酒爲藉又茅花曰秀茅葉曰菅俗作茆非貓或作猫
媌好也秦晉間凡好而輕者謂之娥自關以東謂之媌○敲口交切橫撾也從旁橫擊也又短杖
曰敲或作摮亦作搞墝堅不可拔也本作墝埆之地瘠也薄也亦作墽嶢通作磽○啁啁嘐

聲也通作嘲禽經云水鳥夜啄林鳥朝嘲嘲陟交切言相調也或作謿通作啁○巢鉏交切鳥在穴曰窠在木上曰巢一曰大笙謂之巢又蜀蔬有大小巢

汱字

䕢漅轈詨髜骹蛸旓罞摮罺䈊坳顠峭筊惄麃咬

四豪

豪

○陶徒刀切瓦器也本作匋又陶正官名也萄蒲萄一名馬乳一名水晶漢書作蒲陶綯絞也糾絞繩索也桃果名桃者五木之精仙木也颾風聲也濤大波也亦曰潮頭匋瓦器醄酕醄醉貌逃亡也避也或作跳俗作迯非淘淘淘水流貌又澄汰也或作洮洮汰猶洗濯也鞉有柄小鼓鞉導也所以導樂本作鞀亦作鼗又作鞀翿翳也舞者所執又羽葆幢或作纛亦

作翢○高古勞切崇也又琴高鯉魚也膏膏者神之液也又肥也一曰載角者脂無角者膏又凝者曰脂釋者曰膏篙所以刺船本作艢或作笞臯臯者始事之辭而有緩急一曰局也又臯緩也又澤也又岸也又亭臯爲亭堠於臯隰中又臯臯不知道貌又五月爲臯又臯陶又地名成臯或作睪又寒臯鴝鵒別名亦作滜史百草奮興姊規先滜咎姓也咎陶通作臯橰木名一曰桔橰汲水機器通作臯櫜櫜韜也又以受箭又甲衣謂之櫜通作臯周禮臯物臯當爲櫜櫜蓮芡實有櫜韜也羔羊子也餻餌曰餻周禮糗餌粉餈或作糕餹鼛大鼓也通作臯○敖五勞切游也又翶翔也一曰傲也又楚人未成君曰敖本作敖或作遨傲嗷衆口愁也亦作嗸通作囂囂亦通作謷又作敖熬鼇海中大鼇作鰲非熬乾煎也今之火脯自關而東謂之熬螯蟹大足如鉞者本作⿱敖胥或作⿱敖足通作敖翶翶翔也璈樂器囂喧也又囂囂自得貌又衆多貌書作嚻鏖於刀切殺也謂

打擊之甚○騷蘇遭切騷擾一曰摩馬也又憂也離騷離遭也又詩人曰騷人當作蚤作蚤非搔

括也爬也玉搔頭今之抓頭也颾風聲或作飃溞溞溞淅也慅動也一曰起也又勞也或作懆

臊犬臊也亦作鱢槮橚槮木長貌或作橾繅繹繭爲絲或作縿繰繅艘船總名本作艘今文

作艘或作摟亦作艘○弢他刀切弓衣也又六弢天弢叨濫也韜劒衣也一曰寬也又藏也

又金板六弢與韜同或作韜絛編絲繩也或作縚周禮作絛挑挑達往來相見貌又挑輕儇跳

躍貌達放恣也或作佻佻滔水漫漫大貌又滔滔周流之貌慆悅也濫也又慢也又慆慆久也通作

滔饕貪財爲饕又貪嗜飲食曰饕或作餡飼○曹昨勞切司理獄也又同事曰曹又局也衆

也嘈聲也艚舟名十月水爲復艚水言水落也螬蠐螬本作蠹或作蝤槽酒槽又畜獸食

器○刀都牢切兵也釋名到也以斬伐到其所也又名錢爲刀以其利民也古作釖忉忉忉

憂勞也亦書作忍 舠小船也或作綢通作刀 裯衣袂又汗濡自關以西謂之祇裯 ○豪胡刀切豕鬣如筆管者智過百人曰豪又彊也健也 毫銳毛又十絲曰毫通作豪 濠水名在鍾離 號呼也或作譹又號咷哭聲也亦作譹又作皐皐之言呼也又作唬号丂音考俗作号 ○毛眉髮之屬及獸毛也又老也二毛也又草也或作氂亦作旄 髦髮也拂髦用髮為之象幼時鬌父死脫左髦母死脫右髦又髦士士中之俊猶毛中之髦 旄幢也旄牛尾著竿頭又旄頭騎名又昴星曰旄頭 ○勞魯刀切劇也又功也又孟勞魯寶刀也或作僗古作憥 牢牢固也牛羊豕繫養曰牢又古者謂廩曰牢又徃彳曰牢又皇牢猶牢籠也又鬻鹽牢盆又畔牢愁畔離也牢聊也與君相離無聊也又蒲牢海獸名 醪汁滓酒也又濁酒 ○蒿呼高切蘩蕭蔚莪之類氣味各異至秋皆為蒿矣又焄蒿蒿氣蒸出貌又蒿目眯眼塵中也 撓擾也攪也一曰抹也 薅拔去田草也或作鎒亦作茠挀

又作蕎薅○猱奴刀切彌猴老者爲獲長臂者爲猨名王猱或作獿塗者爲獿人亦作獶又作蝚峱山名在齊一作嶩又作巎○遭作曹切遇也一曰邐行也又巡也糟酒滓也醩也或作莤亦作醩○袍薄褒切纊爲繭縕爲袍纊新綿縕舊絮又褻衣也又朝服○操七刀切把持也或作斅○褒博毛切褒衣大也又奬也本作襃又作裒

汰字

芼氂枆軞𩣰裪蜪檮嫯鷔𢧀搯𦩍謟嶹嘷簩蟧洮騊

咷轇嶆鏪臑綢魛艘尻

歌

五歌

○莪五何切蘿莪蒿屬生澤田漸洳處科生三月莖可食莪即蘩始生爲莪長大爲蒿娥秦晉

謂好爲娙娥漢婦官有娙娥女長好貌 **蛾** 蛾羅蠶蛾也又火蛾一名慕光本作䖸亦書作蟻 **鵝**

名舒鴈又鵝鵞或作鵝亦作䳘又作鵞 **俄** 頃速也又邪也又仰也通作蛾俄無幾之頃 **哦** 吟也

峨 嵯峨山高今書作峩又巍峨高貌又峨眉山名通作俄 **吪** 五禾切動也又化也或作譌通作訛

亦通作譌古文作偽 **囮** 率鳥者繫生鳥以來之名曰囮又譯傳四夷及鳥獸之語圝者誘禽鳥也即今

鳥媒或作囮 ○ **駝** 徒何切本作佗負荷也橐駝負囊橐而馱物俗誤曰駱馳亦作馳它 **酡** 飲而

赭色着面 **紽** 縫也通作它佗 **馱** 負荷也本作佗凡以畜產載負物者皆爲佗通作駝 **佗** 本佗負字

一曰美也委佗行美也佗佗長美也 **迤** 逶迤行貌本作沲通作佗又作蛇 **鼉** 似魚有足甲如鎧皮

堅厚可冒鼓具十二肖肉胥鳴如桴鼓其數應更謂之鼉更或作鱓通作鮀 ○ **磋** 倉何切磨也治

象牙曰磋通作瑳 **蹉** 蹉跎失時也又跌也 **搓** 搓挪也 **傞** 屢舞傞傞 **瘥** 才何切病也小疫曰

瘥大疫曰札或醝白酒鹺鹽曰○荷胡歌切荷芙蕖
作嵯通作嗟也鹹鹺其根藕其莖茄
其葉蕸其本蔤其華菡萏其苛小草也又苛政以細
實蓮其中的的中薏又蘘荷草喻細政也一曰急
也煩也怒也又苛罰譴責也又何儋也卽負何也一
苛癢疥也又苛察也通作荷曰誰也辭也曷也
無何無餘事也又未多時也今負何作河河者水之
荷又皆上去聲而何但爲誰何字矣伯上應天
漢禾戸戈切龢調也通作和笙之小者謂之龢三和
嘉穀也笙一和而成聲一曰徒歌曰龢
相應也又順也諧也又溫也適也又軍門曰和又雲
和地名材可爲瑟古作咊又和鸞鈴也錫在馬頷鸞
在鑣和在○莎蘇禾切倿莎也卽香附子犧酒尊名
衡鈴在旂曲有踏莎行又挼莎也飾以翡
翠刻鳳凰於尊其羽形婆娑一蓑草雨衣也又以草
曰畫又云犧尊飾以牛或作獻覆城曰蓑城江東
人取白鷺頭頸翰毛梭織具所以行娑素何切婆娑
爲接䍦曰白鷺蓑緯者本作機舞也婆娑衣

貌又駁娑殿名**抄**摩抄也或作莏亦作挱亦作沙或作挲通作獻○**科**苦禾切程也又條也本也

又坎也又等也又木中空又科頭不着兜鍪**蝌**蝌斗蟲名通作科**窠**空也一曰鳥巢也在樹曰

巢在穴曰窠**薖**草也一曰寬大意一曰飢意或作邁**珂**苦何切石次玉即瑪瑙又貝大者珂黃黑

色其骨白可飾馬勒**軻**車接軸孟子名○**歌**古俄切入聲曰歌柯也以聲吟咏如草木有柯葉也

又合樂曰歌或作謌哥**哥**語小曰哥俗呼兄爲哥**菏**菏澤水名或作荷水出山陽胡陵南**柯**

斧柄六韜有大柯斧又枝柯也**戈**古禾切平頭戟也謂戟小支上向則爲戟平則爲戈又云兩刃長六

尺六寸**過**度也又經過易卦大過小過王肅音戈○**羅**魯何切以絲罟鳥也一曰帛之美者

又包羅羅列也**蘿**女蘿兎絲在木爲女蘿在草爲兎絲青而細長無雜蔓**螺**落戈切本作蠃大者

如斗鸚鵡螺可爲杯鈿螺可餙鏡背亦作蠡公輸子效螺引閉其戶乃設門戶今以螺爲鋪首古遺制也

羸驢父馬母生或作驘亦作騾又作羸○摩莫婆切研也又滅也撫也又揩也或作擵磨治石
謂之磨通作摩或作礳魔鬼也麼細小曰麼通作麿○渦烏禾切水回也又水名窩
穴居也又窩也本作窠踒足跌也阿烏何切大陵也一曰曲阜一曰慢應聲又阿衡阿倚衡平一
官號又阿阿然美貌又阿重屋又太阿劒名纖阿月御陽阿舞名又古名俳○那諾何切一曰何也那
猶何也又於也皆語之韻絕也又多也又安貌儺行有節也佩玉以節步難卻凶惡也通作儺又
盛貌○訶呼何切大言而怒也又責也或作苛亦作何通作呵呵呵呵啞啞笑也一曰氣出或作
欱○坡滂禾切阪也給舍號謙坡或作岥通作陂頗頭偏也又偏頗不正也或作頤古作詖
○波博禾切水通流也又波浪番番番武勇貌或作皤○佗託何切彼之稱也或作他通作
它拖曳也引也本作拕亦作扡○婆薄波切本作媻一曰老女稱又婆娑舞貌又琵琶一名韓

婆皤老人白也又鬢白也或作頣亦作番○多得何切从重夕夕相繹是爲多也眾也又過也

或作㚇○茄求迦切菜名又曰落酥○挼奴禾切兩手相切摩也本作挼挼莏猶煩撋也

○鞾許戈切鞮屬趙武靈王所服或作靴屩亦作屐屦

汰字

鮀陀沱詑濄輠緺渮駉瑳傞驒鱓痾絅磋噃戠茄灑

觀

六麻

麻

○瓜古華切龍蹏獸掌羊駮兔頭袿髓賨箭小青大斑皆瓜名又木瓜楙也又瓠瓜星名媧女媧

古之神聖女騧黃馬黑喙或作騧蝸蝸牛小蠃也蛙烏瓜切本作鼃蝦蟇也亦書作[illegible]

哇浮哇之聲也又小兒聲又吐也通作洼深池也一
掘掘聲邪也謂爲掘鳴者失其義矣洼曰曲也又
渥洼水名窪清水也一汙鑿池也汙○嘉古牙切美
或作洷曰溝也尊抔飲也又褒也
又嘉禮嘉魚或作佳从家居也戶牖之間曰扆其內
壴从加俗从十从廾非謂之家又大夫之邑曰家
又天家官家宅家皆珈笄飾之最盛者加增也上也
天子稱宮中呼大家如今步搖上飾陵也又施
也着笳胡人捲蘆葉吹之葭蘆也又葦於加切
也似觱篥而無孔之未秀者○丫物之岐
頭鴉本侍雅一名鸒一名卑居秦謂之雅或作啞啞
者鵶今以雅爲上聲但作大小雅之雅矣嘔
小兒學語又呀許加切張口貌又釾餘釾谷中大空
聲也遌作亞呀呀呷也又笑呀呀貌通作呀或作
呀○邪以遮切琅邪郱名又語未定之辭通作斜梁
㘉耶又汙邪下地田莫邪劍鏌邪胡人號州
谷名又褒枒樹如椶櫚子殼可爲爺俗謂父曰爺通
斜二水名器或作椰亦作梛作耶亦作爺

袤似嗟切帛文疏紕袤戾也又不正也又奇袤又辟邪獸通作邪或作耶斜○霞胡加切雲日氣
相薄又日傍形雲通作赮亦作蝦瑕瑕玉小赤也一曰玉病又過也遐遠也或作假亦作假瑕葭
从段與段不同蝦蝦蟇又海蝦長二三丈鬚長數尺通作瑕蕸芙蕖葉也○叉初牙切拱手曰
叉叉路有三叉叉魚叉差貳也不相值也又差錯也一曰擇也艖舟名或作舩槎鋤加切水
中浮木一曰柴門又楂楂鳥鵲聲通作槎亦作查張騫仙槎犯牛斗苴水中浮艸○奢式車切張
也又侈也一作奓蘭奢胡語褒稱賖貰買也一曰遠也又遲緩爲賖沙所加切水散石也从水少
水少沙見也又大水接小水曰沙又汰也又龍沙沙漠也通作砂紗縛屬輕曰紗一曰紡纑通作沙
或作紗繼爲春服紈素爲冬服輕綃爲夏服繼今方目紗紈素今絹輕綃今輕紗縛音絹○衙五加
切唐制天子居曰衙行曰駕又軍行有牙後人因以所治爲衙牙牡齒也一曰旗名凡軍旅出立牙竿

日牙門又荔枝萌芽也涘爲涯水際也戸
名蚶殼龍牙芽通作牙涯又生涯或作厓〇華花
切榮也又草盛也又光華也又中夏曰華又鈆諠
華粉石華水物木華荷花舜華木槿鬱華日仙譁譁
也或驊騮八駿之一陟瓜切撃也箠也馬
作嘩驊或作蘜通作華〇撾又摻撾撃鼓撾撾鞭也
本作篆莊華切喪髻也去纚而收麥器杷者
或作薖鬘紒曰鬘又麻髮相結〇杷所以聚也一
名渠挐又蒲巴切琵琶胡人馬上所鼓推手曰爬
枇杷果名琶琵却手曰琶又琵琶會稽魚名也
搔也或作〇巴伯加切食象蛇也又閬白水葩普巴
把通作杷東南流曲折三廻如巴字切華
也〇麻莫霞切枲也有實者名苴無實者名蟆蝦蟆
枲又制麻唐用黃白二麻或作蔴其子
科斗月大盡生前兩足月小盡〇嗟子邪切咨也本
生後兩足或作蟆亦書作蟇作謷一曰痛惜
也又猗嗟猗心内不平嗟是卩中兔网也食
咜啞皆傷歎聲古作𨔝差亦作謯罝或作羅〇蛇遮

切虵屬古作它魚屬連行蛇屬紆行詩委蛇蓋取諸此或作虵闍時遮切闍謂之臺又闉闍城上重門也或作堵○拏奴加切牽引也一曰巴也擭也或作拏又絲絮相引也篘籠也○遮主奢切過也斷也蔽也要也或省作庶斜梁州谷名又褒斜二水名○車尸遮切車輿輪之總名○花呼瓜切本作華亦作蘤今花木字皆作花而華但爲榮華字矣○誇苦瓜切大言也或作侉通作夸俗作夸非又古作⿱大言○茶宅加切茗也茶經一曰茶二曰檟三曰蔎四曰茗五曰荈

汏字

枷耞⿰豸加鴐舥豝羓⿱髟巴鯊麚豭赮騢畬釾鉈緺窊

七陽

○黄胡光切中央也又男女始生爲黄四歲爲小十六爲中二十一爲丁六十爲老又乘黄馬名亦

曰翠黃飛黃又渠黃又蒼黃失措貌

簧 女媧作笙管中金薄鐷笙十三簧簧笙之舌

潢 積水又天潢謂王孫公子五潢星名

璜 半璧也佩上有衡下有二璜作牙形於其中以前衡之使關而相擊也

皇 皇大也大君也皇之爲言煌煌然也又晃名畫羽爲飾又黃白色又美也又皇皇自莊盛也又如有求而不得也又光也古作皇又春曰東皇張皇張大也

煌 焜煌又煌煌煇也又燉煌郡名古作熿[illegible]

遑 急也一曰暇也或作偟通作皇

艎 舟名劉晏爲歌艎又艅艎吳大舟名又作餘皇或作[illegible]通作皇

篁 竹田也史汝篁又竹名

隍 城池也有水曰池無水曰隍

凰 鳳凰出丹穴山形似鶴首文曰德背文曰義翼文曰順腹文曰信膺文曰仁麟前鹿後蛇頭龜背魚尾鶴喙燕翼五采高二尺雄曰鳳雌曰凰或作鶍通作皇

徨 徬徨彷徉也通作偟亦作皇曰方皇

蝗 螽也食苗爲災

惶 恐也懼也

○

陽 與章切高明也日爲太陽又陰陽二氣又山東曰朝陽山西曰夕陽又水北爲陽又陽陽自得貌有

文章貌
楊 白楊一曰高飛一曰獨搖種墟墓間又赤楊黃楊又蒲柳又栘楊木大數十圍無風華動華及後合
揚 舉也又稱說也道也明也發也顯也古作敭通作颺又揚州
颺 風飛揚也
羊 羊性善羣於文羊爲羣犬爲獨孔子曰牛羊之字以形舉也說禮者云羊吉祥也
痒 頭創也又病也本作瘍
鍚 馬頭飾也刻金華當馬額本作鐊
暘 日出也明也又日暴也通作陽
佯 詐也本作詳通作陽外貌爲陽內心爲陰
徉 彷徉徙倚貌通作佯亦作羊相徉相羊猶翱翔也通作洋
洋 溢也又水流貌又瀾也又洋洋盛大也
○郎 魯堂切魯亭也本邑名又男子之稱又婦謂夫爲郎又郎主主之稱也一日官名
廊 廡也殿下外屋也又巖廊高屋也通作郎
浪 滄浪均州水名又浪浪水流貌又淋浪淋瀶又聊浪游放貌又樂浪郡
稂 本作蓈粟之穗生而不成者曰董蓈又苞稂亦曰董粱禾秀爲穗不成則嶷然謂之董粱今人謂之宿田翁
琅 琅玕似珠者又玉有光景者又倉琅官門鋪首

銅環又琅邪郡　狼　似犬牡貛牝狼其子名獥絕有力
名俗作瑯非者名迅膏可煎和曰狼臅膏狼善
佷後性怯走喜還豻从才狼从良獸之有才智者又
狼多藉其艸曰狼藉又性貪狼故曰狼貪狼戾又天
狼星　椰　檳椰無柯實生其端一房數百實又桄　蜋　螳
名椰木子內如麵可食又船板名鳴椰蜋
有斧蟲兗人謂之拒斧一名蟷蠰一名不蝸　筤　蒼筤
一名斫父一名天馬其子蜱蛸又曰莫貈竹幼
竹也一　○詳　似羊切審也又論也諟　祥　福也一曰善
曰籃也也又語備也通作翔也又吉也又
災異也妖孽自　庠　養老也庠之言詳　翔　布翅翔也又
外來謂之祥於以考禮詳事也行而張拱曰
翔或　牆　在良切牆垣蔽也障也又蕭牆門屏也　檣　颿
作鴹又負牆却就後席也或作墻通作廧柱
也或　嬙　嬪嬙婦官　戕　戕者卒暴之　○襄　息良切駕也
作艢也通作檣名外殺曰戕上襄上駕也
又七襄從且至暮七辰辰一移曰七襄一曰除　驤　馬
也又上也又成也又贊襄又辟土有德曰襄之

低昂也又舉也一曰馬後右足白曰驤古作襄 **相** 省視也从目木易緯云地可觀者莫可觀於木又共也質也 **湘** 水名又山名又烹也 **緗** 淺黃色桑初主色也書曰縑緗曰縹囊緗帙 **廂** 廡也通作箱正寢東西室皆曰箱如箱篋之形 **箱** 大車兩較之內謂之箱是車內容物處又箱篋也 **纕** 佩帶也一曰馬腹帶 ○**長** 直良切久遠也又常也永也又修也 **腸** 大小腸也心之府也一曰暢也通暢胃氣又羊腸九縈坂名又黃腸玉匣黃腸櫛名 **場** 祭神道也築土為壇除地為場一曰山田不雜者一曰治穀田也或作⿰土長暘亦作場 **常** 市羊切本帬裳字一曰天子旗畫日月名太常禮官奉持之故曰奉常又久也經也又八尺曰尋倍尋曰常又庸也守也又常棣木名 **裳** 下帬也本作常下直而垂象巾今文作裳上曰衣下曰裳而常但為常久字矣 **嘗** 口試其味也又秋祭名又曾也或作甞 **償** 還也報也當也復也又酬也 ○**良** 呂張切善也甚也又賢也首也長也又不化物謂之良又良久少久

頗久也一曰略也聲輕之轉又深也古作莨

梁 水橋也一曰石渡水爲梁又浮橋又絕水取魚曰梁又屋脊木曰棟負棟者曰梁又都梁香艸名澤蘭也

粱 粟類米之善者五穀之長又虋赤粱粟芑白粱粟

量 量度也又槩量多少也又商量

糧 穀食也或作粮

涼 平涼地名又薄寒爲涼或作凉○

鏘 七羊切玉聲也一曰樂聲本作瑲或作鎗通作鶬將

槍 剡木傷盜曰槍又矟也或作⿰矛倉又欃槍星名綠沉槍

搶 集也突也又飛掠也

蹌 動也又蹌蹌威儀舒揚也一曰舞貌

蹡 行貌本作⿱將足

斨 方銎斧也

○**姜** 居良切齊姓神農之後望出天水

僵 偃也仆也又僨也一作僵

薑 禦濕之菜也本作蘁

韁 紲也本作繮不出疆限也亦曰勒

橿 枋也檍一名土橿一名萬年木又鉏柄

疆 界也五百里王畿界本作畺亦作壃疅

○**穰** 汝陽切禾莖一曰衆也一曰豐也

禳 磔禳祀除癘殃也

攘 推也又竊也又攘也又除也逐也古作[illegible]襄

瀼 瀼瀼露多貌

瓤 瓠瓤瓜中犀也

勷 劻勷急遽貌又狂遽貌一作攘躟

○**當** 都郎切田相值也又敵也直也主也承也又蔽也即也又處斷罪人曰當又郎當舞神

璫 充耳珠又黃金璫冠飾又璧璫以玉爲椽頭當即璫題也又琅璫鈴鐸也又丁璫珮玉聲或謂丁當或謂丁東東郎當也

鐺 銀鐺也長鎖若令禁繫人者

襠 裲襠衣名又袴屬郎今緄襠袴也

艡 𦨣艡船名

簹 篔簹竹名大竹一節相去五六尺

○**章** 諸良切樂竟爲一章一曰采也又赤與白謂之章又交章篇章也又明也又條也又大材木曰章又印章又大章堯樂總章舜明堂又建章漢宮名

彰 文章飾也从彡謂鳥獸羽毛之文又明也通作章

璋 剡上曰圭半手曰璋又牙璋起軍旅

麞 四足之美有麃即麞也鹿有角不能觸麞有牙不能噬

張 陟商切施之弦也一曰開也又設也夸也主張也又宿名

粻 糧也

○**唐** 徒郎切大言也又荒唐廣大無域畔也又廟中路曰唐又堯舊都又唐弓大弓也古作鷊

塘 偃瀦也又池之隄岸又錢塘江通作隚唐

堂當也謂正向陽之屋又古者爲堂自半已前虛之謂之堂半已後實之謂之室又堂堂盛也又往也古作坐

棠牡曰棠牝曰杜杜赤棠或曰杜棃或名棠棃以可食又名甘棠又海棠又沙棠木名又邑名又蠲忿貽以青棠謂合歡也或書作樘

餹餳謂之餹或作糖糧亦作餳

○**商**式羊切金行之聲曰商傷也其氣遒勁彫落萬物又章也物成熟可章度也又商度也又行賈也又國名或作謪又參商

傷創也又戕也害也損也又痛也憂也

湯湯湯水流貌又水盛貌

觴實曰觴虛曰觶又酒巵總名一升曰爵二升曰觚三升曰觶四升曰角五升曰散總名爵實曰觴飾也或作觴

殤短折不成曰殤

○**昌**尺良切善也又美言也又盛也又文昌星名

猖狂也又披猖縱裂貌

菖蓀也通作昌一寸九節者名菖蒲䕻者名昌陽切之爲葅謂之昌歜

倡女樂也翼星主南宮之羽儀爲樂庫爲天倡主俳倡又倡和也或作娼

閶天門也又楚人名門皆曰閶闔或作閭

○**央**於良切央以適當言

之惟中乃可言央一曰久也又且也半也又盡也又未央央宮名又央央鮮明貌又廣也

泱 滃也雲氣起貌一曰泱泱水深廣也

殃 咎也禍也罰也敗也也本作殃或作秧

鴦 鴛鴦四鳥也黃鴦一名黃鴦

秧 蔣禾謂也之秧

○**亡** 武方切逃也無也又滅也失也又死也不在也又樂酒無厭謂之亡

忘 不識也忽也遺也

芒 艸耑謂麥穀爲芒種又木正曰句芒又芒芒廣大貌又無知貌又毫芒又光芒

望 瞻望也又弦望月滿與日相望本作朢今通作望

王 雨方切天下所歸往也王者之于中一畫近上王者則天之義古作击

○**岡** 古郎切山脊也或作罡通作阬本从山俗又加山作崗非

綱 維紘繩也又綱總也又三綱又昴畢爲天綱

剛 彊斷又堅也勁也或作㓻

鋼 堅鐵也

亢 喉也以總攝聽訟有出納之象又星名角亢天壽星

○**倉** 七岡切穀藏也倉黃取而藏之故曰倉又倉猝匆遽貌又腹有五倉

蒼 艸色也又深青色又穹蒼天也又春曰蒼天又蒼生艸木蒼然生也百姓亦曰

蒼生又云蒼蒼羣生又蒼黄遽貌蒼浪老貌又蒼頭士卒服通作倉

滄 寒也又滄浪海通作倉

鶬 碭鶬又曰鶬鹿曰錯落曰鶬將皆象其鳴聲

○**茫** 謨郎切茫茫廣大貌本作芒又滄茫也又渫茫微茫眇茫冥茫杳茫也

忙 心迫也怖也冗也

邙 北邙山東洛九原之地

○**匡** 正也又地名又姓

眶 目厓也通作匡

筐 去羊切飯器也方曰筐圓曰筥本作匩省作匡

○**羌** 去羊切西戎牧羊人也又發語端猶乃也通作慶

蜣 蜣蜋蟲名一名蛣蜣

慶 福也

○**莊** 側羊切盛飾也又道路五達謂之康六達謂之莊又嚴也又端也矜也齊肅也又勝敵克壯曰莊又田舍也俗作庄非

妝 飾也俗作粧或作裝通作莊靚粧粉白黛黑亦通作裝

裝 裹也又齎也此乃促裝治裝字

○**旁** 溥也旁達之形自上而下四方也又路一達曰岐旁二達曰劇旁旁出岐多門劇又旁午交橫也本作旁

傍 步光切近也側也通作旁或作徬

彭 壯也近也一曰彭亨驕貌

○**行** 胡郎切列行又

二十五人爲行又肆夏注一肆立一長若今行頭又太行山名

航 本作杭方舟也通作杭亦作斻析

頏 鳥飛貌本作䎐上日䎐下日頏今作頡頏或作昕亦作䲳

○**方** 府良切併船也一日矩也又正也四方也又道也又義之所在日方又類也又方策大日策小日方又北方也又房也又方者來至之詞又且也又尚方宮名又方中方上擴也

坊 邑里之名坊方也言人所在里爲方或作堃

○**房** 符方切室在旁也又東方宿名又星舍日房又俎名太房又箭室日房又阿房宮名史芝生殿內防中又宣防並與房同

防 隄也又禦也或作坊堃

○**將** 即良切一日有漸之辭又甫始之辭一日且也又大也送也又領也助也行也又奉也即也齋也持也挾也與也偕也又抑然之詞又養也壯也側也雜也長也去也從也又干將劒名凡將書篇名

漿 酢也壺漿椒漿蕉漿

○**霜** 色莊切凝露也又拒霜木芙蓉

驦 驌驦良馬名或作騻通作爽

○**芳** 敷方切香艸也又芬芳香也

妨 害也又礙

也若女之性相妨也或作彷㤃

〇**光** 古黃切光明也又朱光日也明光宮名又太歲在辛曰重光本作灮古作芡

洸 水涌貌也又洸洸勇如水之涌也

〇**康** 苦岡切樂也又和也安也又褒大也又道五達曰康又桃康丹田下神名

糠 穀之皮也康空也本作穅或作粇古作康

〇**創** 初良切刄傷也通作瘡

瘡 痏也又瘍也痍也通作創

〇**香** 許良切稼穡作甘黍甘爲香又蘭曰國香或作薌黍曰薌合

鄉 向也衆所向也又百家之內曰鄉

〇**桑** 息郎切蠶所食葉又扶桑日出處空桑地名木可爲琴瑟又窮桑魯北地古作桒

喪 亡也本作器凡失物爲喪又死器也又持服曰喪

〇**荒** 呼光切蕪也又治荒曰荒又遠也大也又迷禮曰荒又荒服又穀不升曰荒又瓠竹北戶西王母日下謂之四荒又八表曰八荒

肓 心上鬲下也左傳云膏之上肓之下

〇**汪** 烏光切深廣也一曰池也亭水曰汪汪池之汙濁者又汪洋浩瀚貌又汪汪深貌本作㴦

尪 尢一足跛曲也今文作尫

或作匡亦作㢌廢疾之人○臧只郎切善也又厚也又臧獲奴婢也古作庄贓吏受賄曰贓通作臧○牀仕莊切安身之几又簀也裝也又棲謂之牀三尺五曰榻板獨坐曰枰八尺曰牀又唐人謂井欄曰銀牀或作床○狂巨王切猘犬也本作徨一曰躁也又病也古作㤮或作𤞣𢘐○昂五剛切日升也一曰明也又舉也通作卬卬望也又我也又低昂昂高也亦通作仰○藏昨郎切匿也又隱也又蓄也又歸藏殷易名通作臧○囊奴當切橐也有底曰囊無底曰橐又小曰橐大曰囊○娘女良切少女之號又母稱曰娘樂有嬿媢娘通作孃

汰字

鄣樟漳張萇蔣螿膷魴肪朿鱨鷞蘠肮𩍰盂僙桁砊

𧆞牂駠

八庚

〇**盈** 以成切滿器也又充也从夃俗作盈非 **楹** 柱也盈然對立之狀或作櫺亦作桯 **瀛** 海也又楚人名澤中曰瀛又瀛洲神山名 **籯** 笭也箱籠屬陳楚宋魏之間謂筲爲籯或作篕 **嬴** 帝少皞之姓秦祖柏翳爲舜主畜畜多息賜姓嬴又黔嬴天上造化神名又解也又夏爲長嬴 **贏** 賈有餘利也又盈也財長也又受也盛也又嬴輸之對或作夃 **營** 余頃切音與融同軍壘曰營一曰度也詩經之營之東西爲經周廻爲營又縱橫而度曰經回旋曰營又造也又怔營屏營不安貌又營營往來貌又營窟又營室星名 **塋** 塋域葬地也 **榮** 永兵切桐木也一曰艸華謂之榮木謂之華艸謂之榮又屋梠之兩頭起者爲榮屋翼也 **瑩** 石似玉琇瑩瓊瑩 **迎** 語京切逢也又逆也迓也關東曰逆關西曰迎 **縈** 於營切收卷也又繞也又繫也秦始皇過蒲臺縈蒲以繫馬至今蒲生猶縈 〇**罌** 烏莖切缶也又

備火長頸瓶或作罌罃亦作罃

鶯 鳥也又詩有鶯其羽鳥羽文也或作鸎

櫻 櫻桃一名含桃一名崖蜜一名朱桃一名麥英深紅者朱櫻黃者蠟櫻小者爲櫻珠

嚶 鳥相命聲通作譻

鸚 鸚鵡能言鳥又青鳥氏司啓者也鶬鸚立春鳴立夏止或作鸚

嬰 於盈切音與嬰同女子之頸飾也女曰嬰男曰兒又嬰胷前也人始生投之胷前乳養故曰嬰又如也又觸也又繞也又縈也又繫也或作賏

纓 冠系也又鞶纓馬膺前纓如索裙

瓔 石似玉又瓔絡

英 於驚切華也又蕚也一曰黃英木名舜英槿花又倍人曰茂十人曰選倍選曰俊千人曰英倍英曰賢萬人曰傑倍傑曰聖又兵再成曰英又重英朱英以羽飾矛也又英英雲貌

瑛 玉光也一云五常修則玉瑛見

○**平** 蒲兵切平舒也止也又和也易也又坦也均也又大野曰平又再登曰平三登曰太平又華平端木名天下平其華則平有不平處其華向其方傾又嘉平秦臘名

評 訂平也評量也品論也

枰 棊局爲枰又枰仲木名也

苹 藾蕭今藾

蒿也又苹苹艸聚生貌又作萍水艸也亦作蓱

砰 披耕切音與烹同砰磅聲也又砅砰石聲木擊石也又砰隱盛也或作硑亦作訇

怦 心急也又怦怦忠直貌

軯 車聲或作駍驞駍駖磕

伻 使也又從也本作拼或作抨通作怦

○**成** 是征切就也又畢也平也善也又樂奏一終爲一成又成成方十里

盛 齍盛謂黍稷稻粱之屬可盛以爲簠簋實者又器名又盛受也又山如防曰盛又盛服嚴飾也

誠 信也又審也敬也又無僞也眞實也純也

城 内爲城外爲廓天子城千雉高七雉公侯百雉高五雉子男五十雉高三雉方丈曰堵三堵曰雉一雉之牆長三尺高一丈

呈 直貞切平也一曰現也又示也

程 品也十髮爲程十程爲分十分爲寸又程者權衡斗斛律曆也程者物之準也又期也式也限也又量也銓也課也又驛程道里也又章程又程核

裎 裸裎露體也一曰佩紟謂之裎佩帶也

酲 病酒也一曰醉而覺也

○**樘** 抽庚切邪柱也本作摚或作樘樘之言党也俗作撐非

瞠 直視

也亦作蹚**鐺**釜屬有耳三足溫酒器也通作鎗**槍**彗星爲攙槍或作槍**傖**鋤庚切音與棖同吳

人罵楚人曰傖又吳謂中州人曰傖**崢**崢嶸也本作崝崝峭也或作嶒亦作崢**棖**除庚切杖也一

曰法也一曰門楔也楔門兩旁木也○**庚**古行切庚位西方象秋時萬物庚庚有實也又庚庚堅強

貌又更變也歲在庚名商橫又名上章月在庚曰窒又夷庚庚往來要道長庚星名**鶊**鶬鶊鸝黃也或

作倉庚名商庚又**賡**續也**更**改也一曰歷也又五更知五行更代之事又更漏又率更掌刻漏官

又代也又戍卒一月一更此卒更富者雇貧者月二千此踐更天下之人皆直戍邊三日雖丞相子亦在

一歲一更不行者出錢三百入官給戍者曰過更又償也**羹**羹謂之湆又肉謂之羹又羹汪也汁汪郎

也或作蕎滕**秔**或作稉俗作粳稻不粘者**耕**古莖切犂也从耒从井古者井田故从井亦作畊

○**紘**戶萌切音與洪同冠卷也一曰纓無緌者從下仰屬於冠又九州之外有八寅八寅之外有八

紘或作紭

翃 蟲飛翃翃也或作䎐

宏 屋深也大也又廣也通作谹閎

閎 衡門謂之閎一云巷門一日門中所從出入也又大也

嶸 崢嶸山峻貌或作嶸亦作嵤㟈峵

泓 烏宏切水深貌又地名又閎泓寶泓硯也

○**精** 子盈切精擇也精粹皆从米簡米曰精又物之純至者曰精又古者以玉爲精又正也善也好也又眞氣也熟也細也的也專一也靈也神觀也又精鑿也青从丹从月誤

睛 目精也通作精

晶 精光也又水晶石也通作精

旌 析鳥羽爲旌竿頭則綴以旄牛尾也精也精進上卒也天子旌高九仞諸侯七仞大夫五仞士三仞又識別也或作旍亦作䘲猜

蜻 蜻蛚也小蟬又蜻蝏或作蟦

菁 韭華也可爲菹秋韭冬菁又菁茅通謂艸木之英爲菁菁又精英曰菁華又蔓菁菜又菁菁茂貌

○**貞** 陟盈切卜問也周禮有大貞之禮謂卜人事也一曰正也或作偵女貞木冬夏常青若有節操故名

楨 剛木也一曰築牆具兩頭橫木題曰楨橫曰幹通作貞

禎 祥也禎者貞也貞正也人有善

天以符瑞正諸盈切三正子丑寅月王道之端得
告之又善也正正之於正正次王又正鵠齊魯間謂題
肩鳥爲正提黠難中鵠亦小鳥難中鉦鐃也柄中上
以中爲雋又畫布曰正𧜟皮曰鵠下通似鈴又
云鐲征賦也本作政通作正○行戶庚切人之步趨
也又征伐也又行也也又堂上謂之行
門外謂之趨又適也往也去也又用也又路也又祀
行又五行歌行又大行天子初崩之稱又器不行又竊
不牢曰行行佩上玉也从玉行屋橫木牛好觝
苦惡曰竊珩所以節行止也桁爲桁衡觸以木
闌制之也又平也又車軛曰衡又虞衡水衡阿衡皆
官名又眉上曰衡盱衡舉眉揚目也又維持冠下曰
衡又欄楯曰衡又玉衡北斗第五星又衡杜衡香
門橫一木爲門也衡从角大俗从魚非蘅艸俗名
馬蹄香○萌莫耕切音與甍同句芒直出曰萌又氓
通作衡菜始生也古作𥺷禮含萌謂釋菜也
民也通作甿甍屋棟也所以承眉庚切音與甍同
亦通作萌瓦或作𤭁欂盲目無牟子或作瞢

亦作萌瘡**蝱**通作虻蚊虻也又作莔貝母艸療蛇毒或作䖟○**横**戶盲切横音與洪同闌木也又横縱之對一曰東西曰從南北曰横或作衡以六攻一爲從以一離六爲衡物之横直相當亦然故從曰合衡曰連**璜**玉名**黌**學舍通作横**鍠**鐘聲和也樂也又鐘鼓聲通作喤本作**喤**諠也怒也又小兒泣聲○**明**眉兵切本作朙光也通也發也又顯也著也白也辯也曉也神靈也又目力也又方明者神明之象合爲上下四方也**盟**盟詛也涖牲曰盟本作盥**鳴**鳥聲也又凡出聲者皆曰鳴**名**彌并切音與明同自命也又大也功也號也又目上爲明目下爲清○**轟**呼宏切音與烘同羣車聲或作軥輷**訇**駭言聲又訇訇大聲**鍧**鐘聲又鏗鍧鐘鼓聲或作䥍**薨**衆也疾也如蟲之聲亟疾又衆也○**生**所庚切天地大德曰生又產也又生死之對又蒼生艸木也民也又先生師之稱諸生弟子之稱又語詞詩太瘦生可憐生**甥**外甥也姊妹之子曰甥又女之壻亦曰甥又外

孫曰甥又外孫 笙 十三簧象鳳之身也正月之音生曰彌甥彌遠也 故謂之笙大者謂之巢小者謂之和又笙之爲言施也牙也萬物始施而牙太簇之氣也一曰女媧作又桃笙象簟吳人謂簟爲笙 猩 猩猩人面豕身似儌能言或作狌

○檠 渠京切本作檄輔正弓弩者傳云道可爲人之輔檠或作警通作檄今俗作燈檠字

擎 舉也或作擎亦作檄

鯨 海大魚也本作鱷雌曰鯢雄曰鯨常以五月生子於岸八月北還鼓浪成雷噴沫成雨水族畏之海岸有獸名蒲牢聲如鐘而性畏鯨鯨躍輒鳴故鑄鐘作蒲牢形其上以橦爲鯨形擊之斷

勍 强也勍敵之人

○京 舉卿切山絕高曰京又四起曰京一曰大也又京師天子之居又數也十萬曰億十億曰兆十兆曰京又京京憂也

驚 馬駭也又懼也驚惶也

荆 楚木也凡木心圓荆心方寧浦金荆可作枕紫荆可作履牡荆節間不相當諸病自愈又紫荆花名

○瓊 渠營切赤玉也又玉之美者又州名或作琁亦作璚詩言瓊華瓊英瓊瑩瓊瑤瓊琚瓊玖

耆以色之美爲瓊

惸 惸惸憂也或作煢亦作恂總

嬛 獨也或作嬛亦作儝學通作煢

○彭 薄庚切鼓聲又行也道也一日木名又地名又三尸蟲名三彭

棚 棧也閣也

綳 悲萌切音與崩同束也束兒襁褓本作繃通作䙖

○鏳 初耕切金聲也又鉦也鐵中鏳鏳或作鐺

琤 玉聲也

鎗 鐘聲又鏗鎗金石聲

○輕 去盈切音與阬同輕車也又輕重之對

傾 去營切伏也欹也又寫也把也空也又西傾山名通作頃頃筐頃聽

卿 去京切卿章也章善明理也又卿嚮也言爲所歸向也

○情 疾盈切人欲之謂情又理也又情實也

晴 雨而夜除星見也本作姓或作暒

○令 呂貞切使也斷役日使令又令令環聲又律令雷邊捷鬼善走故符咒云急急如律令又黃洞堂溪魚腸

丁令四弓弩名又姓令狐

伶 伶人弄臣也又伶官樂官也又伶倫古樂師

○騂 思營切牲赤色

觪 用角低仰便也觲觲角弓調利也本作觲詩作騂

○鏗 口莖切音與阬同金石聲也又琴聲

也又撞也又彭鏗即籛鏗

硜 硜硜小人貌猶碌碌也或作踁硜

○橙 除耕切音與棖同在南稱柑在北稱橙

瞪 視貌本作盯矖盯直視也或作睽

○儜 泥耕切音與能同弱也困也

攘 搶攘亂貌或作囊

○爭 側莖切引也競也又理也辨也俗作争非

箏 古以竹為之秦樂也秦人薄義父子爭瑟而分之因以爲名一曰蒙恬造箏施絃高箏箏然長六尺應律絃十三象四時柱高三寸象三才名頌瑟唐有軋箏以片竹潤而軋之又風箏簷鈴也

○清 七情切朗也澂水之貌又靜也潔也又紫清天也穆清王宮西清西廂也又月上曰清眉下曰揚

○丁 中莖切音與爭同橦也伐木丁丁聲相應也本作朾

○兄 許榮切長也兄況也況父法也又兄荒也荒大也青徐人謂兄爲荒又男子先生曰兄

○兵 晡明切戎也戎器也五兵一弓二殳三矛四戎五戟又云東方矛南方弩中央劒西方戈北方鏺又兵戰器也人執兵亦曰兵

○亨 許庚切獻也本作亯亨嘉之會也又通也

又彭亨腹滿貌○祊鋪盲切門內祭先祖所以彷徨也本作鬃祭之正日索祭謂之祊明日又祭謂之繹又邑名通作閍○觥古橫切音與公同兕牛角爲之無兕刻木爲兕形大七升本作觵其狀觵觵然曲起之貌又觥觥剛直貌又彭觥玉鐘聲○烹披庚切煮也以木巽火烹飪也本作亨○聲書盈切萬物之音爲聲八音惟石聲精詣入耳故於文耳殸古磬字也又單出爲聲或作殸○餳徐盈切飴和饊者也餳謂之餦餭或云滑餹凡飴謂之餳○偵邏伺也又質問也諜者曰游偵或作遉○莖何耕切音與行同枝柱枝生於莖故云枝柱一云艸曰莖竹曰箇木曰枚又金莖銅柱六莖顓帝樂名

汰字

輣榜搒霙[illegible]牲鼪黥牼頳檉蟶郕珵阬麖軯弸鶄鯖

洺

九青

〇靈郎丁切音與令同陽爲精陰氣爲靈一曰善也
又神也又寵也福也又匑靈日曜靈又靈臺
亦作𩆜湘東美酒淥酒也或作醽亦作
霛霝　醽醽䣼通作酃酃淥湘東地名　櫺本作櫺闌楯間
子也卽令闌楯下橫欞一曰以版爲之曰軒　聆聽也
通名曰檻令人言窻欞是也或作軨亦作柃　齡
古者謂年齡齒　令使令也音義　鈴令丁也似鐘而小
亦齡也通作矜　與庚韻同　錫鑾和鈴錫在馬
領鸞在鑣和在衡鈴在　苓卷耳艸又名蒼耳又茯苓
旂上動則皆有鳴聲　史作伏靈或作蘦又豨苓
泠水出丹陽西北入江又淸泠水也又泠然善　舲舟
也又泠泠泉聲又寥泠淋泠又虫泠小蟲名　也
一曰舟　瓴似甁史高屋之上建瓴水瓴盛水　零餘雨
有窻者　甁又瓴甋甓也一作令或作𤮐𤮐　又落

也或作零又丁零地名史作丁靈又作丁令**囹**獄也囹者櫺也櫳檻之名牢也秦曰囹圄**玲**玲瓏王聲又坰瓔貌又玎玲**鴒**鶺鴒鳥名通作令飛則鳴行則搖長尾尖喙背青灰色腹下白頸下黑如錢連杜陽人謂之連錢首尾相應以況兄弟或作鸎○**庭**特丁切宮中也門屏之內又直也又王庭地又三庭黃庭有內景外景中景也**渟**水止曰渟通作亭**筳**維絲筦一曰竹片挺也一曰楚人結艸折卜曰筳篿**廷**廷朝中也又廷尉秦官廷平也**霆**雷餘聲鈴鈴所以挺出萬物一云疾雷謂之霆霹靂也或作霏**蜓**蜻蜓色青而大曰青蛉一曰青亭小而黃曰胡黎一名蝴離小而赤曰赤卒一曰絳騶一名赤衣使者亦名赤弁丈人江東名狐黎淮南呼蠊蛜令鄱陽人呼江雞**莛**枝莖也傳以莛撞鐘傳曰屋梁莊子舉莛與楹**亭**停也人所停集洛陽二十街街一亭十二城門門一亭漢十里一亭亭留也蓋行旅宿會之所館亭長舊名負弩凡城內亭有都亭侯又云亭山名又亭亭聳立貌又亭毒亭品其

形毒謂成其質**停**止也本作亭〇**冥**莫經切幽也亦夜也又玄冥水神青冥紫冥天也又焦冥蟲名又蜻冥深闇也或作暝俗作寘非**蓂**蓂莢堯時瑞艸隨月彫榮朔後日一莢生望後日一莢落**螟**吏冥冥犯法卽生螟食禾心爲螟言其姦冥冥難知也食禾葉爲蟘言假貸無厭也又螟蛉桑蟲焦螟巢蚊睫蟲**溟**小雨溟溟也又溟海水黑色謂之溟通作冥**銘**志也名也又銘旌又警戒之辭曰銘或作名〇**丁**萬物盛於丙成於丁其形正中故象心月在丁曰圉歲在丁曰彊圉又六丁神名又民丁男子二十以上爲丁又當也値也**釘**當經切鍊鉼黃金也又鈴釘豸名鶴鄰豸江東呼爲鈴釘一曰鐵鋮又鐵釘**玎**玉聲也**㣔**伶行獨行也〇**鉼**薄經切音與平同甕也或作缾又汲水器亦作缾卜**屏**所以蔽也屏謂之樹今浮思扆從賓八尺畫斧今屏風其遺象也又屏翳雨師**軿**輕車也重曰輜輕曰軿又輜軿兵車一曰婦人車以其有屏蔽故曰軿或作輧通作苹**萍**艸也

大者曰蘋沉水中一曰水花曰水白一夜七子通作苹本作蓱又青苹劒名白苹白魚名

〇**星** 桑經切萬物之精上列爲星星之爲言精也陽之榮也陽爲日日分爲星故字日生爲星又南方宿名壽星次名本作曐古作曐又星星髮白

腥 腥當星肉中如米者又生肉曰腥

惺 惺憁了慧也又悟也靜也

醒 酲解也又夢覺也

〇**刑** 剄也令八謂自剌爲自刑又罰辠也國之刑罰也

形 戶經切象也體也又容也現也

鉶 盛和羹器禮有鉶鼎堯舜歠土鉶或作鉶通作刑亦通作鈃

硎 砥石

〇**螢** 戶扃切音與雄同螢名夜光卽照暉夜丹良丹鳥宵燭熠燿亦曰燐易略例云循螢燐增輝於太陽

滎 絕小水也又滎陽滎澤

熒 屋下燈燭之光又明星熒熒又熒惑火星名

〇**扃** 古螢切外閉之關也外戶也門扇上鐶紐禮有鼏扃以木貫鼎所以閉鼎者也又車前橫木所以止旗者

坰 本作冂古作同邑外謂之郊郊外謂之野野外謂之林林外謂之坰

駉 牧馬苑又駉駉馬腹幹肥張貌

〇**聽**

他丁切聆也南面聽天下又從也　廳　古者治官處謂之聽事漢晉皆作聽六朝以來始加广　汀　平也謂水際平又州名　○經　古靈切機縷又織也一曰書也徑也典常也又經緯縱曰經橫曰緯又南北爲經東西爲緯又經營縱橫爲經回旋爲營又經界又過也歷也又絞也縊也又姓　涇　水名出安定涇陽幵頭山至京兆入渭涇濁渭清　○俜　普丁切俠也或作甹三輔謂輕財者爲甹俠者任俠也便捷任氣自由之爲也　娉　娉婷美好貌　●○馨　呼刑切香之遠聞寧馨爾馨如馨皆言如此　○寧　奴丁切願詞也或作寍安也或通作甯又黃寧卽黃庭　○青　倉經切東方色木生火从生丹遠視之明莫若丹青黑則昧矣殺青以火炙簡令其汗取青易書

汰字

陘娙筸鯹鯖邢姘蠕螢鉼

蒸

十蒸

〇增 作滕切益也加也重也又衆也 曾 曾孫自曾祖至無窮皆得稱曾孫又姓 憎 惡也 罾 魚網有機者 矰 矰矢田矢也結繳於矢謂之矰矰高也茀矢象焉茀之言刜也一云矰短矢或作䥣通作繒 繒 疾陵切音與情同帛也金繒也或作贈繒之言贈又埋告又贈神曰繒又採姑繒之璧姑繒西南夷也

〇凌 力膺切音與令同冰出也凌陰凌人 陵 大阜也體崇高也又嚴峻也又淬也又山陵古作陵又侵尚也犯也侮也又迦陵仙禽在卵殼中鳴音壓衆鳥 夌 超越也一曰夌倂漸畀迆也通作陵亦作凌 綾 東齊謂皮帛之細者曰綾綾統也紋帛也或謂之綺或謂之文 輘 車轢也輘轢謂踐蹈也通作陵凌

〇騰 徒登切馳也躍也升也踊也一曰犗馬俗作驣非 滕 水超涌也又張口騁辭貌又國名 謄 移寫書也 縢 緘也束也書金縢緘之以金也又約也纆也或作縢縫又

行縢邪幅弦藤艸名胡麻也一曰藟也今總艸蔓
在下也藤延如藟者爲藤又在艸曰兔絲在木曰
松蘿又剡溪○署陵切音與成同承奉也受也又
古藤可造紙承次也又下載上也又止也或作弃
季本作丞翊也丞者承也又輔弼疑丞比我而相
丞丞之曰輔拂我而相之曰弼疑擬其前丞承其後
又佐也副貳直陵切音與呈同召也戒清也水
也通作承徵也止也又創也通作徵澄靜而清
通作澂○書蒸切升者登合之量也古升上徑一
或作澂升寸下徑六分其深八分龠十爲合合十
爲升又布以八十縷爲一升一日任也登也或
進也又民有三年之儲曰升平勝舉也陞作阩跗
通作昇日之升也又州名○於陵切音與英同胷
升或作階通作升膺也又親也又擊也又
鏤膺馬帶也又鉤膺樊鷹本作雁雁隨人所指縱故
纓也又虎膺手掌也从人一曰題肩一曰征鳥
一歲曰黃鷹二歲曰鴘鷹三歲曰鶬鷹今通答言
謂之角鷹項有毛角又名鷞鳩後多加鳥字譍也以

言對問也或作譍通作應 **應** 當也又料度之辭通作膺 〇**繩** 神陵切音與呈同索也又直也又彈治也約也又繩繩衆多也又玉衡北兩星爲玉繩又胡繩香艸 **澠** 水名在臨菑易牙辨淄澠二水通作繩 **乘** 覆也又駕也登也又跨也治也因也又勝也陵也一曰四矢爲乘或作棄 〇**登** 都騰切登上車也又成也升也進也衆也又熟也或作蹬僜 **豋** 禮器也二手持肉在豆上瓦曰登大羹也或作㽅通作鐙 **燈** 錠也本作鐙錠中置燭故謂之鐙又膏鐙也無足曰鐙有足曰錠鐙今爲馬鐙字燈皆从火俗作灯非 〇**凭** 皮冰切音與平同依几也又倚也或作凴 **憑** 依也又厚也滿也或作倗通作馮又馮翊又馮馮翼翼盛滿貌通作凴 **馮** 馬行疾又馮相氏馮乘也相覜也世登高臺以覜天文 〇**層** 昨棱切重屋也又級也通作曾增 **曾** 詞之舒也又乃也則也又經也又嘗也从四古囪字从田非 **嶒** 崚嶒山貌 〇**弘** 胡肱切音與洪同聲也一曰大也 **軚** 軼軚車聲 **肱** 古弘切音

與公同臂上一節也又肱肱也○**冰**筆陵切凍也本作仌象水凝之形積冰曰凝冰壯曰凍冰流曰澌冰解曰泮又脂也**弸**弓强貌又滿也**棚**所以覆矢也箭箙蓋也通作冰傳公徒執冰而踞冰櫝丸

○**蒸**煮仍切音與貞同折麻中幹也又炬也又麤曰薪細曰蒸或作𦽅**烝**火氣上行也一曰君也又進也又冬祭曰烝又衆也又烝烝厚也又烝烝作也又下淫上曰烝通作蒸惟薪蒸字無作烝者

徵陟陵切音與貞同召也一曰成也明也又驗也古作数䟦从出从壬俗作山非○**薨**呼肱切音與烘同公侯卒曰薨一曰壞聲薨之言奄也奄然亡也**⿱𦭝羽**⿱𦭝羽⿱𦭝羽飛貌或作翃通作薨蟲聲又衆也

○**瞢**彌登切目不明也**儚**儚儚昏也或作懜顭亦作懵懵○**朋**步崩切朋黨又同門曰朋又古者貨貝五貝爲朋本古鳳字鳳飛羣鳥隨以萬數故以爲黨字**鵬**亦古鳳字隷作鵬北溟之鯤化而爲鵬又鵾鵬鳥名○**稱**處陵切音與聲同銓也權衡稱量也春分而禾生夏至晷景可度郎禾有

秒秝分而秒定律數十二秒當一分十分為寸其重以十二粟為一分十二分為銖故程稱字皆从禾又揚也舉也俗作秤非**偁**通作稱相偁舉也偁宣揚美事也○**競**居陵切音與京同兢也強也二況爭長也一曰敬也兢兢戒也不自安貌又凌兢懼貌通作矜**矜**矛柄也因音借為矜憐之矜一曰憖也又急也又矜矜持矜莊驕矜也○**仍**如乘切因也因用之也又就也重也頻也又洊也又雲仍昆仍○**凝**魚陵切音與迎同冰堅也結也一曰成也定也又嚴整之貌或作凝本作冰○**興**虛陵切音與亨同起也同力也又盛也作也又徵聚物曰興俗作與非○**崩**悲朋切山壞也自上墜下曰崩○**能**奴登切能獸堅中骨節實也故象賢能而彊壯者稱能傑又善也又勝任也古作耐或作部○**恒**胡登切常也如月之恒又北嶽恒山陰終陽始其道常久故謂之恒山○**蠅**余陵切音與盈同蠅交其前足有絞繩之象準生於隼繩生於蠅一也亦好交其後足搖足自扇爾雅曰蠅醜

扇也又青蠅亂○僧蘇增切浮屠
色蒼蠅亂聲道人沙門也

汰字

鬙橧䎖簦毲淩鯪緪揯脀䗬淜塍鄫堋鞃滕

十一尤

尤○尤羽求切異也甚也過也郵郵之言過過使所過也
又怨也古作尤通作郵郵置皆驛也馬傳曰
置步傳曰郵一曰田間舍又最也殿最罪也惡也
亦曰殿郵又督郵古官名高郵邑名訧通作尤
由以周切因也用也說文惟㽕字木生條也古文省
弓作由由又從也經也又祝由祝說病由又所由州
郡官卽今保正又東西耕曰橫南北耕曰油膏也油
由又夷由鼯鼠也麃由鹿媟也通作繇繇油雲行
貌曰油油和謹貌又油然生貌攸水行也又所也
又水出武陵孱陵西東南入江又垂危貌又鬱

攸火氣也又相攸攸所居也古作逌**悠**憂也一曰遠也又悠悠行貌又耿邈無期貌通作攸亦通作繇**游**浮也放也又遡游順流而下也又上游河水從西北來故云又優游自如貌又良游游嬉也古作遊或作迂通作猶斿繇**遊**遨遊行也又屋遊屋松也**蝣**蜉蝣渠略也甲蟲似蜣蜋而小有文彩朝生暮死生覆水上隨死隨流有浮游之義夏小正作浮游亦通作蝤**槱**燎柴也或作楢詩薪之槱之**猶**玃屬本作猷隴西謂犬子為猷或作猶又可止之辭一曰若也似也又尚也又猶然猶猶舒遲貌又夷猶不行貌通作由**蕕**薰蕕蕕一名蔓于一名軒于蔓生水上隨水高下汎汎然故曰蕕游也或作⿱艹猷**卣**尊有三品受鬱鬯者上曰彝受三斗中曰卣五斗下曰罍六斗古作卣或作脩**斿**旌旗之旒也本作游天子十二斿至地諸侯九斿至軫大夫七斿至轂士五斿至肩亦作旒㐬**猷**本玃犬字又謀也通作猶後人以猷為謀猷字猶為尚可之詞**輶**輕也輶車也**繇**艸盛貌

○**鄒**古邾婁國帝顓頊之

後所受魯穆公改曰鄒又鄒嶧山名通作騶

騶 側鳩切廐御也又騶虞仁獸也又御史車前三騶公輔車前八騶又中丞絳騶淸路又赤蜻蜓亦名絳騶

緅 青赤色也染羽三入爲纁五入爲緅七入爲緇

陬 將侯切陬隅也一曰聚居正月攝提貞於孟陬攝提斗柄也孟陬東北隅

諏 諮事爲諏或曰謀

鯫 小魚

浮 縛謀切氾也溢也又順流爲浮又在上曰浮又先時曰浮又浮之大白罰也

蜉 本作蠹蚍蜉也蚍蠹蜉蝣渠略也蝝爲蚍蠹之有翼者食穀爲災黑眚也今文作蜉

桴 眉棟名爾雅棟謂之桴

罦 本作𦊁車上網卽翻車網也

罘 兎罟

不 方鳩切鳥飛上翔不下來也又辭也未定之辭也爾雅夫不隹也

○求 巨鳩切索也覓也又乞也又姓漢有求仲

絿 急也詩不競不絿或作紌

球 玉也又玉磬天球琳球琅球

裘 皮衣也獸皮毛作之以助女工也

觩 弛也若弓之弛上曲貌詩兕觥其觩或作捄通作捄詩有捄其角

俅 冠飾貌詩載弁俅俅恭順貌又戴也或作頍

毬

尤蹴也毛毬也古謂之鞠又曰圓曰毬或作裘**賕**以財枉法相謝也非理而求也一曰載質也**仇**讎也又匹也怨耦曰仇又姓也宋仇牧或作朹通作逑**逑**聚斂也又匹也詩好逑傳作好仇**捄**長貌詩有捄棘七〇**畱**力求切止也住也又駐也又陳畱地名俗作留又周畱木牛也馬畱猴也扶畱艸名也黃栗畱黃鸝也**驑**赤馬黑毛尾又驊驑周穆王馬或作騮曰華騮又果下驑**橊**若橊果名張騫使安石國得橊故名石橊安橊一名丹若**遛**逗遛不進貌通作畱**鏐**弩眉也一曰金之美者書厥貢鏐鐵爾雅云紫磨金**飂**高風也或作飀𩙖通作翏**流**水行也又求也又放也又王制流者九州之外夷狄流移或貢或否又流轉又玉人鼻勺曰流凡流皆爲龍卩又銀重八兩爲一流又流輩也或作汓**瀏**水清貌或作漻**旒**垂玉也冕飾本作塗水流趨下旗冕之垂者如之故曰旒或謂之繁露或作游**劉**本作鎦尅也陳也殺也左傳虔劉我邊垂書執劉斧屬又立秋肄兵習武名貙劉又名貙

膄又枝葉稀疏謂之莫浮切慮難曰謀計也議
眦劉又邑名又姓○謀也或作惎諆亦作𢘾哲訾
麰來麰麥也大麥宜為飯又可牛鳴象其聲氣從
為酢其蘗可為餳通作牟牟口出也一曰取也
侵也又大也又敦牟齊人呼土釜為牟也又倍目
勝曰牟成梟而牟呼五白也又中牟地名又姓眸珠
子通作牟羌齊等也酋矛鉤兵也建於兵車長
舜參牟子侔通作牟矛常有四尺十六尺為常也
吳楚間謂之鍦或謂之瞀目不明又低鍪鞮鍪首鎧
鏦或作𢦔舒古作鉾目俯視也也本作鞪
一曰兜鍪亦曰胄臂鎧謂之釬頸鎧謂蟊食艸根蟲
之鏗鍜通作牟又岑牟鼓角士胄也吏抵冒取
民財則生又鑑蟊蜘蛛○鳥候切齊聲而歌也
之別名或作蝥通作蛑漚水上泡謳謳為歌聲之
別調歌為謳之鷗水鳥形色似白鴿甌小盆也又西
總名通作嘔小而羣飛通作漚甌地名駒越
別種東甌閩姓也又歐冶子區量名傳云豆區鍾
中池又姓歐鑄劍曰歐刀釜四豆為區又匿

也楚文王作僕區之法僕隱也　摳　墟侯切摳衣以手
區匿也言爲隱匿亡人之法　於衣下舉裙使不
頭區弓弩端弦所○讎　市流切猶應也荅也讎應當
步彄居也或作彀　也不讎無驗一曰仇也於文
言雔爲雔雔鳥之雙也人之讐怨如禽鳥之兩怒而
有言在其間必溢惡之言如禽鳥之聲也又償也又
輩也匹也儔也又　酬　本作醻主人進酒於客曰獻客
校也古作[illegible][illegible]　荅主人曰酢主復酌賓曰酬又
酬道飲也又周也　紬　陳留切大　儔　儔古與翿同隱翳又
又以財貨曰酬　絲繒也　也又匹儷也又侶
也又二人爲疋四人　疇　耕治之田也一井爲疇又疇
爲儔或作翿通作疇　者界列小畔際也又穀田爲
田麻田爲疇又衆也等也又壺矢也被也牀帳
類也又疇昔誰昔也又誰也也　籌　又算也　裯　也今曰被
古曰衾即寢衣漢　幬　禪帳也又幔　○婁　落侯切空也
名帳爲裯通作幬　轂或作㡘　又次名从毌
五度至胃六度在戌曰降婁言物降　摟　曳又聚也牽
落而收斂也又星名又姓古作婁　也又採取也

樓 重屋也言牖戶諸射孔慺慺然也閬風苑有玉樓十二又天上白玉京十二樓五城

螻 螻蛄也一名仙姑一名石鼠又名土狗又名蟪蛄又名螻蟈螻螾不臘又螻蟻呂子云戶樞不螻

慺 慺慺謹敬之貌一曰勤也

窶 甌窶高地狹小之田也傳甌窶滿篝

髏 髑髏首骨也或作顱

○秋 七由切秋者金行之時秋揫也物揫斂乃成熟麥秋至凡物以成熟爲秋又秋秋馬騰驤貌又趨蹌貌又歌飛龍秋秋駕善馭也又陽秋即春秋也又大長秋皇后卿又景帝更將行爲大長秋古作龝龝

楸 栢葉松身似梓或作橚通作萩山居千章之萩

鞦 馬紂也本作緧考工記必緧其牛後或作緛亦作緅輶又鞦韆北方山戎以習輕趫者

鰍 本作鰌泥鰍與魚爲牝牡莊子鰌與魚游又海海鰍大者數十里穴居海底入穴則海水爲潮今有海鰍船

鶖 狀如鶴性貪惡長頸赤目禿鶖也一名扶老又綠鷁蔥鶖青色也本作鵚

篍 吹筩也

○侯 戶鉤切本作矦春饗所射侯也方十尺曰侯四尺曰鵠又諸侯也古者以

射選賢射中者獲封爵因謂之諸侯又五爵之次曰侯又五百里侯服斥候而服事又禮侯禳侯者候迎善祥禳者禳去殃氣又維也乃也又美也

篌 箜篌二十五絃漢武命侯暉造因姓及聲坎坎應節故名坎侯今作箜篌

猴 一曰獼猴馬留也猴善候故从侯此獸無胛以行消食故猿之德靜以緩猴之德躁以囂

餱 乾食也飯乾曰餱或作糇

喉 咽也或作脵

鍭 矢金鏃翦羽謂之鍭關西曰箭江淮曰鍭

○**周** 職流切密也又忠信爲周又至也備也又周國號又道周周曲也又匝也徧也俗作週非

賙 振贍也通作周

州 州疇也各疇其土而主也九州冀兗青徐豫荊揚梁雍也禹治水後分冀爲幽并分青爲營共十二州又五黨爲州

洲 渚也重川周繞其旁本作州後人加水以別州縣之字又十洲瀛洲一名環洲玄洲長洲元洲流洲炎洲生洲祖洲鳳麟洲聚窟洲出返魂香續絃膠

舟 船也黃帝臣共鼓貨狄刳木爲舟剡木爲檝又鳧舟舟如鳧形又犀舟勁楫犀堅又帶也帶玉及瑤又司尊彝皆有舟尊

上臺若今承槃以戒沉湎也

調 朝也詩惄如調飢

○勾 曲也本作叫隷作句又句吳地名句夷俗語發聲猶越爲于越也又高句驪國名又句龍社神名句芒春神或作區屈生曰區通作鉤俗作勾

軥 軛下曲也車鉤心木又車名夏后氏曰軥車通作鉤

韝 射臂決也又韝臂衣也縛左右手以便於用又臂捍以皮爲之以臂鷹者董偃青韝綠幘

溝 水溝廣四尺深四尺又田間之水曰溝溝搆縱橫相交搆也又十夫有溝又水注川曰谿注曰谷注谷曰溝

篝 竹籠也所以薰衣或作篝又蜀人負物籠上大下小謂之篝笭

鉤 古侯切曲鉤也兵有鉤有鑲引來曰鉤推去曰鑲又劍屬吳鉤闔廬令國中作金鉤有人殺二子以血鎔金成二鉤以獻向鉤呼二子名兩鉤倶飛又純鉤歐冶子造又鉤援鉤引上城者又曰車名又鉤致鉤距或作⿰金冓俗作鉤

○憂 於求切愁也本作㥑从心頁頁首也心㥑則髮白本作優或作懮

優 饒也寬裕也又勝也又俳優調戲也又伊優屈曲倭媚貌又優游又優優又憂和之

字作稪**穮**布種後以耒器摩之使土開發處復合以覆種本作擾**幽**於蚪切隱也又深也又幽州在北幽昧之地又六幽天地四方也枸幽琴操**呦**鹿鳴聲也又嚶呦禽聲呷呦人聲**怮**憂貌又含怒不言

○**捘**所鳩切束矢其捘勁疾貌又求也聚也索也又渠捘西戎也或作摟通作駷亦通作廋叟**蒐**茅蒐茹藘人血所生可以染絳蒨也醫家謂蒐爲地血食之補血又春獮曰蒐索不孕者**颼**颼颼風也或作颼亦作颾**叟**叟叟淅米聲或作捘通作溲**溲**浸沃也又便溺也牛溲馬勃或作溲

○**酋**目秋切酒熟曰酋故名酒官爲大酋或作醬又終也又酋長魁師之名又酋矛酋之言遒也遒追也言短矛也又酋者發語聲**遒**追也又盡也又健也又遒人宣令之官**囚**似由切拘也又罪人也又遒也辭窮情得以罪誅遒**泅**浮行水上也本作汓古以汓爲没泳也亦作酒

○**休**許尤切息止也**貅**貔貅猛獸**庥**庥蔭也今俗呼樹蔭曰庥**咻**口病聲又讙也通作休

○**脩**息流

切脯也縮也腊脯乾燥而縮加薑桂鍜治者謂之脩不加薑桂以鹽乾之謂之脯又東脩小脡脯也又長也又靈脩君也寋脩媒也**修**飾也理也通作脩**羞**進獻也又膳也牛羊豕調以五味盛之於豆曰庶羞又食也或作膳饈䐪一曰羞辱也又愧恥也○**裒**薄侯切聚也或作裦通作捊捊聚斂也**掊**把也今鹽官入水取鹽爲掊史掊視得鼎以手把土也**抔**引取也本作捊汙尊抔飲手掬之也或作抱亦作括○**柔**耳由切木曲直也又順也又耎也又安也**蹂**踐也籔蹂蹴之也蹂之言潤既籔去穮復以水潤濕之更春以趣於鑿也**揉**以手挺也又順也○**彪**必幽切虎文也又小虎也又淵中彪外**滮**水流貌詩滮池北流**瀌**雨雪盛貌○**頭**度侯切首也獨也於髞高而獨也**骰**博陸釆具**投**擿也一曰合也又棄也又適也又託也又納也○**抽**丑鳩切引也本作㨨拔也拔也或作搊通作紬史紬石室金櫃之書謂次述故事**瘳**疾病忽愈若抽去之也○**篘**初尤

切灑取酒也或作篘簍醙

揫 揫拘也手揫也

○**樛** 居虯切高木下曲也本作朻通作繆又繚與樛同

鳩 居求切鳩性不壹食之助食老人刻杖為鳩形又五鳩祝鳩氏司徒也此鵻鳩又名鵓鳩斑鳩睢鳩氏司馬也王睢鳲鳩氏司空也鴶鵴又名布谷鷞鳩氏司寇也鷹鶻鳩氏司事也鶻鵃五鳩鳩民者也又鳩聚也

○**繆** 莫彪切枲之十絜也一曰綢繆

○**牛** 語求切音與尤同牛曰一元大武黃帝臣胲始作服牛又牽牛星河鼓也

○**兜** 當侯切兜鍪首鎧也又兜子小輿也又驩兜四凶名古文作鴅吺韓文關弓射鴅吺

○**丘** 去鳩切四方高中央下象形又丘亭空也丘嫂大也九丘書名聚也又四井為邑四邑為丘四丘為甸又營丘商丘楚丘皆地名又帝丘顓帝之墟又丹丘蓬丘崑崙丘皆仙山或作坵古作㘳

○**收** 式州切捕也歛也聚也一曰夏冠名收歛髮也又黃收堯冠名又蓐收秋神名古作抍

○**偷** 諸侯切茍且也佻也又盜也或作愉

○**愁** 鋤尤切憂也悲也慮也

汰字

扰冘𤸪輈㑂艄鋄㾘膢䅹鍮牏肮庬鴟瘤犨湅㲎儵

銶厹頄涪蜉緱

十二侵

侵

○林 力沉切平土有叢木曰林又林林叢生貌又君也詩有壬有林又綠林荆州山又羽林星名以名武官又鄧林名木又叢林雙林僧寺也 淋 以水沃也一曰淋淋山下水也或作㵉通作林古賦林離 琳 美玉也璆琳琅玕古作玲 霖 雨三日以往爲霖淫謂之霖又甘霖 臨 監臨與監同意又以尊適畢曰臨又大也又摹也 ○斟 職深切勺也斟酌也益也又姓 鍼 所以縫也或作鐵亦作針通作箴挫鍼治緶足以糊口挫鍼縫衣也治緶浣衣也 箴 本衣箴字一曰誡也醫以礛石刺病故有所諷

剌而救其失者謂之箴古者以石爲箴故云美疢不如惡石一曰竹名又姓

碪 知林切音與斟同擣繒石也或作砧又藁砧跕砆也

椹 斫木櫍也一曰木趺周禮射甲貫椹質或作枯鑕

〇**琴** 巨金切伏羲氏削桐爲琴面圓法天底方象地龍池八寸通八風鳳池四寸合四氣長三尺六寸象三百六十日廣六寸象六合前廣後狹象尊卑上圓下方法天地五絃象五行大絃爲君小絃爲臣文武加二絃以合君臣之恩第一絃爲宮次商角羽徵次少宮次少商琴禁也所以制淫邪正人心也大琴謂之離古作琹

禽 鳥獸總名又二足而羽曰禽四足而毛曰獸飛曰禽走曰獸又鳥獸未孕曰禽

檎 林檎果名一名來禽言味甘來衆禽也亦名黑檎

芩 藥名又芩艸莖如釵葉如竹蔓生澤中下地鹹處

黔 黑色又黑而黃也又黔雷神名又州名又黔首民也

〇**音** 於金切聲也生於心有節於外謂之音宮商角徵羽聲也絲竹金石匏土革木音也又雜比曰音單出曰聲

喑 兒泣不止曰喑一曰啼極無聲

瘖 不能言病傳皐陶瘖有貴乎能言也

陰 闇也山之北水之南日所不及也陰陽之對又影也又姓古作㡥

愔 伊淫切愔愔安和貌又深靜貌

○尋 徐林切繹理也又八尺曰尋倍尋曰常又四尺曰仞倍仞曰尋又撏求也又仍繼也又俄也用也又長也秦晉梁益閒凡物長謂之尋又斧也又俗謂庸常爲尋常又姓从口从凡作尋誤

燖 火熱物傳若可燖也亦可寒也或作燂亦作爇

潯 旁深也水匡也又州名或作潭通作尋

鬵 土金一曰鼎大上小下若甑曰鬵關東謂甑爲鬵

○今 居吟切是時也今對古之稱

襟 本作裣交祍也袍襦前袂或作衿衿是領別名也亦作裣

金 五金黃爲之長薶不生衣百鍊不輕從革不違西方之行生於土秦以一鎰爲一金漢以一斤爲一金諸賜不言黃者一斤與萬錢書金三品金銀銅又五色黃金白銀赤銅青鉛黑鐵又軍行鉦鐸曰金金禁也爲進退之禁也

禁 勝也制也力所加也當也劫持也

○淫 餘針切隨其胍理而浸漬也又過也通作坙亦

通作潭

霪久雨一曰雨過十日以往或作湛通作淫

蟫衣書中白魚一名蛃俗呼蠹魚壁魚

吟魚金切呻也歎也又哦也咏也鳴也或作訡詅通作唫

○壬如林切位北方象人懷妊之形承亥壬以子生之敘也又太歲在壬曰玄黓月値壬曰終一曰大也又佞也通作任書難任人

任保也信於朋友曰任任者人保任任也於文人任曰任又堪也當也擔也負也又負任任在前負在後又以恩相親信曰任又南夷樂名又姓

妊孕也或作𡜊亦作姙通作任

紝機縷也女子姆教以治絲枲織紝或作紝亦作絍

○森所金切木多貌蕭森陰森

薓本作薓人薓藥名出上黨通作參生深山中根漆樹下蔭處潞州太行山出者曰紫團參

參商星也白虎宿三星直下有三星旒曰伐以三相參又主殺伐故謂之參又叢立貌古詩參參其穡古作㕘又參前倚衡

○欽去金切敬也內曰恭外曰欽又欽欽心動貌又欽欽鐘聲有節又州名

嶔山高險也又嶇嶔嶔崟俱山高也或作嶔通作唫

衾

大被也或作𡘊○**沈**直深切濁黕也一曰溺也又沒也又深也又實沈星名孟夏日月會於實沈又綠沈槍名又古弓名又沈香或作湛亦作沈書曰沈潛从几非从几俗作沉非

霃久陰也通作沈

○**岑**鋤針切山小而高也又嶔岑高貌

涔涔陽渚在郢又管涔山名又涔涔雨多貌又牛馬跡中水曰蹄涔

○**侵**七林切漸進也本作侵凡師有鐘鼓曰伐無曰侵觕曰侵情曰伐又苞人民歐牛馬曰侵斬樹木壞宮室曰伐又一穀不升曰歉二穀不升曰饑三穀不升曰饉四穀不升曰荒五穀不升曰大侵又年侵漁奪

駸馬行疾也又駸駸前進也

○**心**息林切人心土藏在身之中又以爲火藏心星爲大火則心屬火也又云纖也所識纖微無不貫也又東方宿五度

○**歆**許金切神食氣也又好樂也又欲之動也又貪羡也

○**簪**側吟切首笄也又纓簪朝簪又盍簪盍合也簪疾也速也或作篸古作兓从兩无俗作㚘非

○**深**式針切邃也遠也深淺之對又深衣又州名古作滨

○**琛**

淡胃中液也

妉　酖

丑林切美寶也或作踩

汰字

鱘濤郴諶鬵紟霠捦

覃

十三覃

〇覃徒含切延也延引漸長之義及也又深廣也又覃恩覃靜思慮又覃懷近河地名古作粵譚大也又姓蟫衣書中白魚潭昭潭湘潭水名又深水曰潭又菊潭在南陽百花潭在蜀鐔劒旁鼻曰鐔曇雲布謂之曇曇又瞿曇釋氏名又優曇曇花佛出世難如此花談徒甘切語也和懌而悅言之又姓通作譚餤進也詩亂是用餤惔憂也詩憂心如惔如惔如焚如火熱也〇耽丁含切耳大垂也俗作躭非眈視近而志遠易虎眈眈下視貌湛樂也本作媅和樂且湛樂之甚也或

作愖亦作妉又作沈通作耽古文耽湛通用過樂謂之耽

擔 都甘切音與耽同何也本作儋背曰負何曰擔擔任也任力所勝也或作檐

甔 罃也容一石海岱之間謂之甔通作儋一石爲石再石爲儋亦作擔

儋 本作聸垂耳也漢儋耳郡

○**參** 倉含切謀度也間廁也又參承也覲也又干與也參錯也又三相參爲參五相五爲伍又以奇益耦亦謂之參或作叅

驂 駕三馬也外騑曰驂夏駕兩謂之麗殷益一騑謂之驂周又益一騑謂之駟又道路七達謂之劇驂三道交出後有岐出者又驂乘亦取三人爲義亦作參又曾參字今論語音森

毿 蘇含切毛長也又毿花木長盛貌

鬖 鬛鬖髮垂貌

○**南** 那含切南方南任也南方任養物於時爲夏又南呂八月律名言陽氣尚有任生薺麥也又藥名南南之爲言任也又狐南老人星名

諵 本作訥諵諵語也又詀諵語聲也或作喃呢喃語不了也

楠 本作柟又名交讓木其木直上柯葉不相妨美材也又石楠木

男 丈夫也从田力用力於田

谽　襤

也又男任也任功業也古作昢又宜男州名○**含**胡男切銜也或作唅通作函**函**函丈容也
函鍾亦容也或作椷天文太白間可椷劒謂可容一劒也通作含本作圅**涵**水澤多也本作涵涵濡也
泓涵渾涵通作函**鋡**鋡甲介鎧也通作函○**藍**魯甘切藍三種蓼藍染綠大藍如芥淺碧槐藍
如槐染青皆可作澱色成勝母故曰青出藍而青於藍又藍田地名伽藍浮屠所居蔚藍天也**籃**大籌
也**嵐**盧含切音與藍同山氣一曰岢嵐山名有渥洼池出良馬**婪**貪也卜者黨相詐驗爲婪或作
惏河北謂貪曰惏又殺人而取其財曰惏亦作惏○**甘**古三切美也又五味之一曰甘稼穡作甘
又甘心快意也又州名古作凶**柑**橘屬頹者爲壺柑卽乳柑溫之泥山爲最唐上元夜以黃羅包遺近
臣曰傳柑通作甘古賦黃甘橙楱**泔**米潘或作粓曾子食魚有餘曰泔之烹和之名○**龕**戶含
切龕受盛也又塔下室浮圖塔也又黃龕夔州峽中有瞿塘黃龕又書龕山龕**堪**一曰任也又可也又

闇庵鵪參
黤渰

堪輿堪天道輿地道又姓古作戓 勘 亦作戡本作戓殺也又勝也克也 ○酣 胡甘切音與含

同酒樂也中酒曰酣又熟也或作佄亦作甘 邯 邯鄲縣名又姓 憨 愚也或作坎 ○貪 他含

切欲物也探也探入他分也又貪婪愛財曰貪愛食曰婪 探 本作揬遠取之也或作撢 ○弇 古南

切音與甘同蓋也又龜前弇後弇甲也又人名古作弇 諳 烏含切悉也一曰諷也記也憶也又練也

歷也亦作諳 ○簪 作含切首笄也 鐟 綴著物者一曰釘也喪大記君棺用雜金鐟太夫用牛骨

通作構 ○蠶 昨含切任絲也黃帝元妃西陵氏始養蠶爲絲絲爲龍精與馬同氣禁原蠶爲害馬

也又蘭館蠶室腐刑者入密室亦如蠶室俗作蚕非 ○慙 昨甘切音與蠶同媿也不直失節謂之慙

或作慚 ○聃 他酣切音與貪同耳曼也耳無輪郭也又聃國名又老聃人名或作聸从冄俗从冉

非 ○三 蘇甘切數名天地人之道也或作參

汏字

錟痰郯甝蚶驔䶣鸉

十四鹽

詹職廉切至也又省也官有詹事省也給也又姓瞻臨視也又仰視曰瞻譫多言也本作詹亦作噡占視兆問也視也亦候也又步占又口占分占苫詩廉切蓋也編茅也艸覆屋也又凶服者以爲覆席幨昌占切車上帷裳又月童容以幃障車旁如裳爲容飾其上有蓋四旁垂而下謂之幨或作裧亦作㡡幨又絕起也襜衣蔽前又襜褕謂帷襜以前後一曰襌襦謂之襜今蔽膝也或作韂亦作袡方言蔽厀齊魯之郊謂袡襦亦作襝又襜如襜襜衣動貌黏女廉切相著也或作粘亦作溓青黏漆葉也霑張廉切通作沾說文雨䨓也又漬也覘丑廉切闚也或作佔呻其佔畢亦作沾我

喪也斯沾○**箝**巨淹切籋也箝語烷書或作箝通作拑拑天下之口而不言**黚**本作黔黧也黧黑而黃謂民爲黔首以頭黑也漢僕隸爲蒼頭**鉗**以鐵有所劫束也志髡鉗爲城旦光武弛解鉗衣鉗鈦也鈦足柑或作鉆鬼谷子有飛鉗揣磨篇言察是非語持而鉗持之通作鍼鈐**黔**廣韻與黚爲一黑突不得黔又烏不日黔而黑**鈐**鈐鏑大犁也類耜又兵鈐以閉房神府以備非常又名玉鈐珠鈐韜鈐又鈎鈐星名王者孝則明**柑**以木銜馬口也左傳柑馬而秣之史柑勒韉靷**鍼**人名春秋傳有鍼虎或作葴**懕**一鹽切安詳之容蓄心安之也或作厭懕懕夜飲懕懕懕良人安靜也**猒**猒飽也足也或作饜貪惏無猒通作厭○**鹽**余廉切鹹也黃帝臣夙沙初作煮海鹽又河東解州有鹽池蜀有鹽井或作𪉟鹽俗作塩非**閻**里中門閻閻也又姓**檐**梠也詹也搭接屋前或作簷亦作櫩𤗊櫩又作产秦謂之桷齊謂之产**餤**進也**惔**憂也如惔如焚言熱氣盛也**炎**于廉切火光上

也爇也又熏也熾也又嚴語杴切教命急也威也毅
義炎黃炎言炎帝也　也敬也莊也又飾也又戒
也昏鼓曰夜嚴又州　噞噞喁魚口動貌○銛息廉切
名又姓俗作嚴非　噞又魚口上見貌　銛臿屬又
利也又取魚具鐵有距施竹頭以　纖細也又刖也有
擲魚爲銛又刀銛筆銛或作鈌　刖薔纖又細布
名又穠纖洪纖通　摻摻摻手好　憸憸詖憸利佞日
作孅又通作韱　貌或作攕　人也古作思暹光
升七廉切驗也籤出其處爲驗也一曰　皆也集
也籤銳也貫也或作幟幖識也亦作攕　僉也衆共
言之○廉力鹽切廉稜也一曰自檢也又斂也儉也
也　不貪也又飛廉神禽能致風氣又風伯又
飛廉桂館漢宮名又隴廉醜婦又堂　鐮鍥也或作鎌
廉陛廉兩堦下曲隅也古作㢘槺　廉薄其所刈
似廉簾帷也明光宮以金玉珠璣爲簾箔宋魏陳
也　簾楚江淮之間箔謂之箔或謂之𥳑自關以西
謂之箔南楚本作斂鏡匳也匳斂也所以收酒
遂箔或作㡘　匳斂也鏡匣也又藏香器俗作奩　帘幰

青帘酒家望子○**兼**古甜切并也秉持一禾兼持二禾可兼持者莫若禾也古作秝**縑**併絲繒也

一曰絹也**蒹**萑之未秀者詩蒹葭水艸堅實青齊人謂之簾以爲簾箔得名萑之小者蒹葦之小者菼

簾蒹荻一物三名**鶼**比翼鳥也常晉山有鳥一翼一目相得乃飛謂之鶼鶼**鰜**艛也比目魚

○**尖**子廉切襳也本作纖謂簪也捎也又柔尖幺尖尖物初生貌又莎尖兎尖犀尖馬耳尖**漸**流入

也書東漸于海**瀸**微盡也通作瀸**湛**湛漬也記湛饎必潔通作瀸○**淹**央炎切水出越嶲徼

外東入若水一日漬也久留也滯也通作奄奄留也**閹**豎也宮中閹閹閉門者或作奄**崦**崦嵫山名

下有虞泉日所入或作崦崳○**潛**昨鹽切涉水也水伏流也一日藏也又漢水爲潛出漢中安陽

縣西北入漢又姓又魚之所息謂之橬橬槮也積柴水中令魚依息以取魚也通作潛又通作涔**鬵**

䰝謂之鬵○**甜**徒兼切美也本作甛舌知甘者甘也或作餂**恬**安也莊子以恬養智又文恬風

恬波恬〇拈掫也指取物也〇餂相謁食麥也又勾取也孟子以言餂之〇砭悲廉切以石刺病或作𥐘〇蟾視占切蟾諸蟲名鼀䵶蟾諸似蝦蟇居陸地蟾諸壽三千歲者頭有角頷下丹書八字𢍏妻嫦娥奔月是為蟾蠩〇添他兼切益也〇謙苦兼切敬也讓也又致恭也不自滿也或作嗛莊子大廉不嗛志易之嗛嗛〇忺青齊呼意所好為忺〇嫌戸兼切不平於心也一曰疑也女子多嫌疑也或作慊〇顩如鹽切頰須今作髯在頤曰須在頰曰顩或作頾亦作毦〇燖徐廉切本作爓湯中瀹肉禮有燖祭

汰字

蚺枬熸灊薟阽磏蔹䨘綅瀸譫痁蔪鮎杴䉷栅

十五咸

咸〇咸胡讒切皆也悉也史咸五登三與五帝皆盛也
爾雅兵左高曰咸又韶咸英咸云咸池樂也又
卦名咸**鹹**北方味也鹽味**諴**和也書諴于小民又**函**
感也也俗作醎非諴也書至諴感神
匱也杯也或作椷鍼通作咸又**緘**古咸切束篋也緘
劒函杖函周禮伊耆氏共杖咸封也又緘縢皆繩
也或**椷**木篋也函屬〇**讒**士咸切譖也**饞**饕也通**儳**
作咸一曰桮也傷良曰讒作嚵
儳互不齊也左傳鼓儳**巉**鋤咸切音與讒同巉巖高
可也謂儳巖未整陳也也或作嶃嶄嶄巖尖銳貌
又作漸詩漸漸之**劖**斷也鑿也〇**喦**五咸切山巖也
石山石高峻也又鑴劖通作巖石窟曰
喦深通日洞又傅喦說築**嵒**暫喦不齊也書顧畏於
處又嶔喦重喦皆山中喦民喦謂下民僭差也
巖五銜切音與喦同岸也又〇**凡**符咸切最括也又
巖廊者殿旁高廡又險也常也皆也非一也
又總計也又凡輕也謂**帆**舟上幔所以汎風或作颿
輕微之稱俗作几非通作颿又鬣背有骨如帆

乗風而行名颿帆 **颿** 馬疾步也 ○**喃** 女咸切呢喃語不了又燕語 **諵** 詀諵語聲又諵諵多言貌 ○**衫** 所銜切音與攕同小孺也陳魏宋楚之間謂之襜或謂之單襦通作襂 **芟** 刈艸也一曰以足蹋夷艸作發也或作蕲 ○**摻** 師咸切本作攕好手也詩摻摻女手猶纖纖也 **杉** 木也似松而材良古作櫼或作煔 ○**嵌** 丘銜切音與龕同嵌巖山險貌或作嗛亦作嵚廞 ○**銜** 戶監切音與咸同馬勒口中者馬銜所以制馬之行也又官吏階位曰銜俗作銜非 ○**監** 古銜切音與緘同臨下也領也又察也

汰字

毚鑱欃瑊巖

世書堂詩韻更定卷之三目錄

上聲

八薺　共四十字　選三十四字　汰六字

九蟹　共二十字　選十六字　汰四字

十賄　共五十六字　二選四十七字　汰九字

十一軫　共五十六字　選四十七字　汰九字

添字

十二吻　共二十八字　選二十三字　汰五字

十三阮　共五十七字　三選四十九字　汰八字

十四旱　共四十三字　二選三十九字　汰四字

十五潸　共二十六字　選二十字　汰六字

十六銑　共一百字　選八十六字　汰十四字

十七篠共六十七字	選五十八字	汰九字
十八巧共十八字	選十五字	汰三字
十九皓共五十八字	選五十字	汰八字
二十哿共五十一字	選三十八字	汰十三字
廿一馬共三十九字	選三十四字	汰五字
廿二養共九十一字	選七十五字	汰十六字
廿三梗共六十六字	選五十字	汰十六字
廿四迥共三十四字	選二十八字	汰六字
廿五有共一百零五字	選九十五字	汰十字

廿六寑共三十一字　選二十五字　汰六字

廿七感共三十七字　選二十九字　汰八字

廿八琰共四十五字　選三十八字　汰七字

廿九豏共十八字　選十五字　汰三字

世書堂詩韻更定卷之三 上聲

鄮湖吳國縉玉林甫編輯

一董

○總作孔切聚束也一曰皆也合也統也括也又古賦縑總總總絹也或作古作緫 傯倥傯困苦也一曰事多不暇給也 惚悾惚 稯禾聚束也或作稯通作總書百里賦納總禾藁 鬆馬鬣一曰鬆角或作鬆通作總 嵸巄嵸山貌 ○幪幪幪茂盛貌 矇瞈矇日未明 蠓毋總切蠛蠓也卽醯鷄蠓飛磑則天風春則天雨言將風則旋飛如磑一上一下如春則雨 懵闇也一曰心亂或作懞懞 ○琫補孔切佩刀上飾詩鞞琫有珌鞞容刀鞞也琫上飾珌下飾或作鞛亦作琣 菶草盛貌 玤石次玉 唪大笑也又瓜實詩瓜瓞唪唪 ○蓊烏孔切蓊鬱草木盛貌又蓊薆

也一曰草可染黃 滃 雲氣起也一曰大水貌又雲濃貌 ○動 徒總切作也出也搖也動靜之對 洞 洞洞孝敬心至也又澒洞相通貌山洞之洞在去聲 ○孔 康董切通也嘉美之也一曰甚也又孔雀鳥名又姓 空 竅也記函人眡其鑽空莊子壘空之在大澤小穴也通作孔 ○董 多動切正也督也又姓又骨董羹名取飲食雜烹之 ○籠 力董切竹器 ○桶 他孔切木器受六升受漆者曰桶可以盛食 ○汞 胡孔切本作澒丹砂所化爲水銀弱土之氣御于白天生白礜白礜生白汞五百歲生白金澒水銀也

汰字

挏

二腫

○勇余隴切氣也一曰健也猛也銳也果敢也又决也本作勈古作甬

涌騰也水上溢也或作湧通作踊

踊跳也一曰刖者屨左傳踊貴喪記擗踊男踊女擗或作踴通作涌傳涌趯

甬草木華甬甬然也又甬之言涌也若水涌出也一曰甬東地名在越又鍾舞上為甬鍾柄鼻也

俑痛也一曰送葬木偶人設關而能跳踊者

慂勸也南楚凡已不欲喜怒而旁人說者謂之從慂通亦作縱臾從臾又作容史記從容郊祀歌旌容容皆音勇

擁於隴切抱也又持也衛也羣從也本作攡或作擁擘通作雍南方謂抱小兒為雍樹

壅揭塞也障也又培也或作廱亦作邕雝通作雍

○拱居竦切斂手也兩手合持曰拱又拱把又拱翊環衛也又竦手曰拱又高拱垂拱通作共

栱杙太者謂之栱又栱枓

鞏韋束也一曰固也齊謂火乾為鞏又縣名从巩俗作鞏

蛬蟋蟀一曰促織本作蛩

珙璧也通作拱老子拱璧

○竦息拱切敬也一曰上也又竦動也或作拺古作㩳䡴

悚懼也本作愯或作㦶

通作**聳**生而耳聾曰聳一曰高也**○種**類也又種種
聳又欲也勸也史聳壑聶霄猶物物也又
苟隴種而退遺失**踵**追也一曰往來貌猶言繼**○宂**
貌又種種髮短貌踵也又足後也又躡也
而隴切散也無定所執也又雜也剩也**茸**不肖也闒
忪也又官名漢宂從僕射俗作宂宂非茸下材又
荒茸蘢茸皆草叢生貌**○洶**詾拱切涌也一**詾**衆言
或作傝媷又作𨅊毾曰洶洶水聲也又
詾𧬘也喧戾之聲也或作訩亦**○隴**隴勇切大阪也
作匈匈匈喧擾之意通作兇在天水者最大
因以名州又尨隴名魁陸**壟**丘壟也一曰田埒也壟
穀中有肉紫色曰天鸗鸗畝也田中之高處又冢
也或作壠亦作龍**○奉**扶隴切承也又與**捧**捧也兩
壟斷也通作隴也獻也又供奉手承也
或作**○寵**丑隴切尊居也一曰愛也**○重**直隴切厚
奉恩也又尊榮也或作寵也善也愼
也重輕之對輜重輜廁也軍糧什物雜廁載之也凡
物輕重則上聲因其可重而重之與再重鄭重皆去

聲〇冢知隴切音與腫同高墳也象山頂之高腫起又山頂曰冢或作塚一曰大也大宰一曰冢宰〇恐丘勇切懼也又惶恐或作患

汰字

腫氄𡖅蛹偅湩

三講選全無汰

〇棒步項切木杖又打也亦作棓桂蚌蜃屬蛤也或作蜯隋侯之珠藏於蚌蛤亦作鮭又作硥硥玤石之次玉者〇講古項切古人言講解猶和解也告也謀也論也又究也港水分流也又水中行舟道〇項胡講切頸項也确也堅确受枕之處又姓缿受錢器也古以瓦今以竹一曰如缾可受投書謂入而不能出之器也趙廣漢教吏爲缿筩

四紙　一選

紙

〇**掎** 舉綺切音與已同偏引也牽一脚也罥其首曰角掎其足曰掎又伐木掎矣伐木斧其前以繩繫木從後牽倒之

踦 脛也傳踦閭而語閉一扇開一扇一人在內一人在外曰踦閭

剞 剞劂曲刀也一曰剞曲刀劂刀鑿

螘 魚倚切蚍蜉也蚍蜉大螘小或作蟻螘曰玄駒又蟻裳色玄又蜉蟻酒也亦作蛾蛾子時術之古賦扶服蛾伏

艤 南方人謂整舟向岸曰艤或作檥

錡 釜屬有足曰錡又蘭錡藏兵之所受兵曰蘭受甲曰錡又崎錡不安也

倚 於綺切依也因倚攀倚徙倚或作奇傳輪囷離奇通作猗詩猗重較兮

綺 墟彼切繒也今細綾又黃綺四皓姓名綠綺琴名結綺閣名青綺李名

已 羊已切止也此也又甚也訖也又語終辭通作以

苢 芣苢一曰馬舄一名車前或作苡又薏苡蓮實也又薢珠也馬援載薏苡一車

以 用也能左右之曰以與也又爲也詩侯以謂閑民傭質者

擬

偶起切音與蟻同度也又議也又像也又準擬揣度而待也或作譺

儗 僭也一曰相儗也又比也或作疑

薿 茂也詩薿薿苗盛之貌或作檥通作儗史儗儗盛貌

○**紙** 諸氏切紙砥也平滑如砥古以擣絮漢蔡倫用樹膚及敝布魚網為之又後人以生布作紙絲縺如故名麻紙以穀樹木皮作紙名穀紙亦曰楮或作帋

抵 本作抵側手擊也史臧宮鳴劍抵掌朱博奮髯抵几或作觝批

只 語巳詞也从口象氣下引之形今試言只則氣下引也只字俱讀作止俗讀作質者訛

咫 中婦人手長八寸謂之咫周尺也或作⿰犭只⿺尺止

砥 柔石也可以為礪本作底史爵祿天下之底石又底厲鋒鍔一曰底柔石厲卓石

枳 橘踰淮化為枳古賦捷六枳以為籬

止 諸市切止下也象一草木出有址故以止為足一曰已也停也息也待也又至也靜也居也又留也又容止行止

沚 小渚曰沚止也可以止息其上或作洔

趾 足也無事曰趾陳設曰足通作止又雉曰疏趾

芷 香草一名澤芳一名虈一名繭一名芳草又芷

陽縣名楚謂之蘺晉謂之虈齊謂之茝

畤 天地五帝所基土祭地也右扶風有五畤好畤鄜畤皆黃帝時築一曰泰文公立又土高處皆曰畤又紙曰好畤侯

旨 職雉切美也甘也或作古通作指

指 手指也大曰拇二曰食中曰將四曰無名五曰小足之用力大指最多手之取物中指爲長故足以大指爲將指又示也斥也又指麾也又顧指如意又目指氣使

○**似** 詳里切音與兕同象肖也本作佀又形似疑似無似

耜 臿也耒耜也柄曲木曰耒端曰耜又斲木爲耒剡木爲耜或作梩或作耜耝又作辞

姒 長婦爲稚婦爲娣婦娣婦謂長婦爲姒婦或云妯娌妯娌相呼曰娣姒

巳 四月陽氣巳出象蛇之變化有文章也歲在巳曰大荒落又上巳節名陽生於子終於巳巳者終巳也象陽氣既極同復之形

祀 祭也又地祭也又年也商曰祀取四時祀事一終也或作祀亦作禩

士 鉏里切士事也大事曰公小事曰上又學以居位曰士又未娶謂之士又漢制嘗爵爲侯而奪免者曰公士又曰士伍謂無爵

而與士卒學也仕竢待也立而待之也或作䇃亦
爲伍也仕宦也作徯或作戾㑇逘屎或作俟
俟大也詩儦柹本作柹柹有七絕壽多陰無鳥巢無
儦俟俟蟲蠹霜葉可翫嘉實落葉肥大木中
堅固者惟柹爲最俗作柹水厓也人至厓本作
非柹音芳味切削木片也涘止若有俟也汜巳砌
也階○紫將此切帛青赤北方間色又荷紫尚書以
也紫袷囊綴服外又襲紫公侯皆紫綬又陳
紫興化荔枝又魏紫呰窳也短也史呰窳偷生而無
牡丹又翔麟紫馬名積聚呰短也窳弱也短力弱
材不能訾毀也本作子祖里切十一月陽氣動萬物
勤作疵亦作訿滋入又男子通稱又太歲在
子曰困敦又四等爵名古作学漢武梓楸也一名豫
煉丹以赤者爲桃實白者爲雲子章梓爲木王
木莫良秄壅禾本也姊將几切音與紫同女兄也秭
於梓或作芓男子謂女子先生曰姊
五稯也一曰億數至萬曰秭六萬四千斤也又十億
爲秭又千生萬萬生億億生兆兆生京京生秭秭生

垓垓生澗澗生正正生載載載地不能載矣又稱歸今歸州也

洓 阻史切澱也又濁也晉書塵洓太清又泥洓也

笫 牀簀也

○**是** 承紙切从日正日中爲正是一直不移也是非之對

諟 理也正也實也諟謂常目在之或作惿

氏 姓氏也氏族也別而稱之曰氏合而言之曰族

市 上止切凡貿易買賣皆曰市又海市蜃樓

恃 賴也依也或作怖

峙 直里切音與豸同供峙具也書峙乃糗糧或作庤又山峙鼎峙

視 承豕切音與是同又比也效也古作眡眂

○**徙** 斯氏切移也古作徏本作辿

璽 王者印也皇帝六璽皆玉螭虎紐唐宋改璽爲寶

屣 所徙切本作躧躧履足根不正納履也舞履也或作蹝曾子曳蹝而歌通作韊

釃 下酒也籭取之也以筐曰釃以藪曰湑

纚 緇帛韜髮者史冠禪纚步搖冠纚纚織絲爲之即今方目紗或作縰又纚纚好貌颯纚長紳貌

枲 胥里切音與徙同枲牡麻也有實爲苴無實爲枲又無子曰苴有子曰枲

兕 徐姊切如野牛而青一角善抵觸故先王制罰

爵以爲酒戒或作冢亦作光 ○里 良已切居也五家
荀子寢兕持虎可以養威 爲隣五隣爲里又
五家爲軌十軌爲里里者止也五十家共居止也 理
又在樊曰廬在邑曰里又長安有戚里又名帝里
治玉也又料理義理又文也正也又膚肉之間曰湊
理又治獄官曰理又行理即行李又天文騎官左角
曰理史書作李 衣內也又中裏也 果名木之多
古文理與李通 裏 又表裏又官裏 李 子者又姓古
文作杍古文 聊也又俚俗二十六鱗魚之貴者
理與李通用 俚 也又鄙野也 鯉 唐佩用魚符亦取象
鯉武后華李代 邐 力紙切行邐邐也一曰邐迆旁行
之以龜或作鱴 連接也又迤邐因循也或作麗蘷
略委麗行步進止 貌 尺氏切奢泰也或作 一
眦麗左右相隨貌 ○侈 奓古賦心奓體忲 陊 曰
張口一曰大貌詩哆兮侈兮美女也又姑姼教理
兮傳於是哆然外齊侯也 姼 輕薄貌或作㛅 恥 切音
與侈同辱也慙也也 福也祉之言止也福所止 昌
或作誀俗作耻非 祉 不移也俗作止音誤也 齒 里

切音與後同男子八月生齒八歲而齔女子七月生
齒七歲而齔一曰年齡也又齒錄也又列也又以年
相序也又鑿齒○巳巳中宮也戊巳戊言茂巳言起
獸名古作𠚒又歲在巳曰屠維月在巳曰則
又身也對物而言紀居里切絲縷之數又理也又總
曰彼巳又私也之爲綱周之爲紀極也會也事
也又經紀也又編著也又紀也又几居履切音與巳
十二年曰一紀又星紀辰名又姓同几人所凭坐
也五几玉几彫几形几机木名單狐之山麂大麇也
髤几素几案屬通作机多机木似榆本作麐
○起墟里切音與掎同能立也又興也芑芑白粱粟
作也發也古作紀又嗅起鳥鳴也蘗芑穀
名又采芑菜也杞枸杞春名天精子夏名枸杞葉秋
又豐芑草也名郤老枝冬名地骨皮一名枸檵
一名仙人杖又屺山無草木○此雌氏切止也能相
杞柳或作梩亦作岊比次也近也近在
此泚水清佌小也詩佌佌彼玼玉色鮮潔○矢式視
也也有屋或作伵[illegible]也或作玭切音

與弛同黃帝臣夷牟初作矢指也有所指而迅疾也周禮矢人謂枉矢絜矢利矢鍭矢矰矢茀矢恒矢庳矢或作笑一曰陳也臯陶矢謨又公矢魚于棠又誓也又正也直也詩云矢詩不多又枉矢妖星名 始 詩止切初也又旬始妖星見北斗旁青黑色如雄雞又春秋五始古作乱乨亦作祀 豕 彘也竭舉其尾故謂之豕豕曰剛鬣水畜也犬喜雪馬喜風豕喜雨 弛 施是切弓解去弦也䟶弛䟶落無撿局弛䕯不遵禮度又釋也或作㢮亦作弛 ○史 踈士切音與䌳同史記事者也从又持中記事當主於中正也黃帝始立史官 使 令也役也 駛 疾也又馬行疾也 死 息姊切音與葸同殞也殺也終也死澌也言若氷釋澌然盡也又小曰死老曰終 ○豸 池爾切豸獸長脊行豸豸然欲有所伺殺形又蟲豸有足曰蟲無足曰豸又解也止也傳廌有豸乎古賦增蟬蚓以此豸豸態妖蟲也陂池穲豸旁頹貌 褫 奪也又衣絜編也 ○技 渠綺切巧也藝也又方術也通作伎楊子通天地而不通人曰伎又伎倆

妓婦人小物也女樂也○雉直几切音與豸同雉有力健鬬又至有時別有倫其羽文明可用為儀又名華蟲夏翟古者后服三翟又城五版而堵五堵而雉百雉而城又博塞有梟盧雉犢之采又自縊曰雉經○喜虛里切樂也或作憘亦作憙古作歖○觜即委切鴟奮頭上角觜一曰星名又象也或作咮嘴噗

四紙 二選

○詭過委切責也一曰詐也又異也垝毀垣也或作陒傀怪異也周禮大傀異烖軌居洧切車轍也又車軸也禮營國經涂九軌又法也史軌事之大者軌軌謂法度又循也史星辰軌道諸侯軌道或作術边簋黍稷方器也旊人為簋實一觳崇尺厚半寸受斗二升外圓內方曰簋又胡簋夏曰胡周曰簋通作匭晷日景也匭匣也書包匭菁茅包裹也匭結也既包裹又纏結之宄姦也外為

盜內爲宄古作**癸**居誄切冬時水土平可揆度象水
殳宄通作軌從四方流入也癸歸也五行屬水
五運屬火太歲在癸**跪**去委切拜也兩膝隱地體危
曰昭陽月在癸曰極隉也一云跽也又蟹足曰跪
蟹六跪○**壘**力軌切軍壁也又度朔山有神荼鬱壘
而二敖二神領衆鬼惡害者執以葦索而用食
虎**㠑**碨㠑山貌或作**藟**葛藟葛蔓**誄**謚也壘壘也壘述
礧㠑亦作嵔也或作蘽前人之功德
累力委切增也本作絫十黍之重也又○**被**皮彼切
蓬累而行頭戴物而兩手扶之之謂寢衣也
一曰反**婢**便俾切女之卑者又菊婢**庳**屋卑小也
也覆也金鳳花魚婢大魚側小魚或作埤○
委於詭切隨也女子從人者也委曲也取禾穀垂穗
委曲之貌一曰棄也任也安也又端委禮衣又委
積少曰委多**骫**骨耑骫集也九屈也一曰骫骳屈
曰積通作骫曲也史其文骫骳謂曲隨其事也**唯**
以水切諾也應聲也唯恭於諾唯之聲連而質諾
之詞緩而文又唯唯恭應之詞又唯唯順從之貌○

髓息委切骨中脂本作髒亦作髓古賦髓餘吾亦作髓或作髓隋髓又石髓食之仙地髓地黃鳳髓膠可續紘 瀡滑也記滫瀡以滑之 ○蘂如壘切草木華蘂華外曰蘂蕚華內曰蘂又玉蘂花名垂也傳佩玉蘂兮或作蘂古詩蘂蘂芬華落 ○捶之累切以杖擊也或作棰 箠擊馬策也又杖也通作棰 ○毀許委切缺也一曰壞也破也虧也 燬火也又焚也或作㷄一曰楚曰燎吳曰㷄齊曰燬又作㷇 ○靡文彼切披靡也一曰靡曼美色也又奢麗也又偃也又順也又靡靡相順從意又胥靡輕刑名又施靡連延貌又無也又靡草名又委靡霏靡草木弱貌 美母鄙切與善同羊取大者也俗作美非 ○水式軌切準也北方之行又取水於月曰明水 ○揣初委切量也度高下曰揣一曰捶之也又試也除也又鈎揣王意或作敱 ○巋苦軌切山小而衆

四紙　三選

〇匕 卑履切音與俾同匕所以取飯者一名柶匙也疏匕柄有刻飾者又匕劒屬其頭類匕短而便用詩有捄棘匕所以載鼎實喪祭用桑吉用棘俗作七非

比 相與周密也又竝也挍也又比部官名傳擇善而從曰比又比方也

妣 殁母也父曰考母曰妣妣之言媲也

秕 不成粟也史秕我王度穢也或作粃又作秕又

粃 與秕同史出菁華汰粃滓

鄙 補美切音與彼同鄙五百家也都鄙又邊鄙又貪鄙又鄙薄輕易之也从邑啚俗作畗非也

否 惡也不善也詩臧否若否

俾 并弭切使也又從也職也又俾益也一曰俾門侍人或作裨

髀 股骨也又髖髀股上曰髖髖上曰髀髀古作髀

庀 普弭切治也具也傳官庀其司或作比亦作庇

彼 甫委切往有所加也又彼者據此之稱

〇敉 撫也一曰愛也安也或作侎侎

瀰 水滿也本作瀰或作洋

弭 綿婢切弓無緣可以解轡紛者骨飾兩頭曰弓不以骨飾曰弭亦作彌彌災兵彌亂彌節皆止也息也與瀰同

〇耳 而止切音與爾同耳主聽也又語已

辭又卷耳枲耳草名又熊耳山名又玄孫之子曰耳孫又儋耳南方夷

珥 珥璫又樹於後曰珥又南詔有西珥河即古牂牁江河形如月抱珥

駬 騄駬周穆王馬名通作綠耳

○**跬** 丘弭切半步也本作趌一舉足曰跬跬三尺兩舉足曰步步六尺或作頃亦作頍又作窺史未有窺左足而先應者

頍 舉頭貌又弁貌

企 舉踵望也或作跂又跂踵國人行脚跟不着地如人之跂足也或作企

○**爾** 兒氏切本作尒或作尔言之助也又揖也祭義君降胙階南鄉爾卿爾西向爾大夫又詞助又爾我又麗爾猶靡麗也

邇 近也或作迩亦作迩古作遷通作爾尔史文章爾雅詩莫遠具尔尔是近義

○**履** 力几切禮也飾足爲禮也又拘也所以拘於足又複下曰舃禪下曰屨又草曰屝麻曰屨皮曰履又踐也又福履祿也又卦名古作[illegible][illegible]

汰字

㾯軹雋蔿薳鳶迆虒酏鞿痺芉䑛厎汎氿屎洧鮪痏
欙讄痞嚭秠汜緝庤痔滓胏

五尾　一選

尾

○斐 敷尾切分別文也通作匪又萋斐文章相錯又豹變文斐 棐 輔也弓檠也 誹 謗也或作非 菲 葍蕵即土瓜一曰芴也蒠菜也又菲薄也 匪 一曰非也又分也匪頒之式 悱 心欲也悱悱欲言也 榧 木名似棑有美實而材光文彩如栢古所謂文木通作棐 朏 月三日明生之名明未盛也

○尾 無匪切首尾又東方星名十八度尾爲大辰又鶉尾次名又鳥獸交接曰孳尾又瑣尾流離貌又陪尾山名也又雉尾天子扇也 亹 勉也亹亹不倦也通作娓又斐亹文色貌 韙 于鬼切音與顗同是也又美之之意 偉 奇也人材傀偉也又大也 煒 盛赤也 暐 光盛貌 葦 大葭也初生名

葭稍大爲蘆長成名葦鳴鷯鳥一名剖葦○虺許偉切蝮虺江淮以南曰蝮以北曰虺一曰虺似蛇而小語云爲虺弗摧爲蛇奈何卉草木之總名本作芔古賦蒭莅芔欻書島夷卉服草服也○鬼居偉切人所歸爲鬼又輿鬼南方宿名四度爲宗廟天目主視輿鬼中星爲積屍氣即魂氣之所歸也

五尾 二選

○扆於豈切音與倚同戶牖之間謂之扆若今屛風通作依負斧依以絳爲質高八尺繡爲斧文依譬喻也記博依廣喻也○螘魚起切蚍蜉也顗謹莊貌靖也樂也○豈袪狶切音與綺同安也焉也曾也非然之辭又樂也○幾居狶切音與已同數問多少之辭幾何又未多時曰無幾未幾又物無多亦曰無幾

汰字

語

依萱蟣韓稀

六語 一 選

〇**巨** 其呂切大也通作鉅史鉅萬詩文章鉅工又姓

拒 捍也違也又格也禦也又左拒右拒陳名白招拒西方白帝名又攄拒心不欲爲也通作岠亦通作距

距 雞距也又刀鋒倒刺者皆曰距又鉤距距閉也鉤致也或作歫又超距跳躍也

炬 束葦燒也本作苣或作⿱⺮巨

鉅 大剛也商子論兵曰怨如鉅鐵一曰弓名又鉤鉅古賦弛青鯤於網鉅

秬 黑黍也詩維秬維秠又左傳曰秬鬯一卣

虡 鐘鼓之柎也飾爲猛獸本作虡簨虡横曰筍縱曰虡虡舉也横簨飾以鱗屬植虡飾以蠃屬簨以大版爲之曰業又飛虡天上神獸鹿頭龍身凡鐘之柎飾爲此獸或作簴⿰木虡鐻

詎 猶豈也又止也或作渠

苣 苣藤草名苦苣也野生曰褊苣人家常食曰白苣卽胡麻也

舉 居許切對舉也或作擧一曰輿也擧

也又立也言也動也扛也又挈也稱也拔也揚也**筥**
皆也又塍夫王日一舉殺牲盛饌曰舉俗作擧非
箱也把謂之秉秉四曰筥十筥曰稯十稯曰○**語**魚
秅或作篋方曰筐圓曰篋亦作籧亦作篋巨
切論難曰語語者午也言交午也吾言**圉**圉垂也邊
爲語吾語聲也言者直言語者相應陲也一曰
圉人掌馬者又朱圉山名又彄圉歲名**圄**本作圉圄
又史不畏彊圉本作禦又靈圉仙人號圄所以拘
罪人問獄名圄領也圉禦也**禦**本作圉守之也禁也
言領錄囚徒禁御又曰止也止也應也當也拒也
或作御通作圉亦作衛令文同爲**齬**齒不相值也齟
圀圄字圄爲牧圉字禦爲守禦字齬不相當也
敔禁也一曰樂器形如木虎背有鉏鋙戛之以止**籞**
樂居宮縣之西象秋物之成終一名楬通作圉
禁苑也本作衘池籞謂於水邊作小屋**與**余呂切黨
落鄗魚鳥籞者禁苑之遮衛也亦作篽與也善也
又及也許也從也又待也又如也又與**予**推予也一
與威儀中適貌又容與閑適貌古作弆曰上下相

予也或作与賜予也一勺爲与○敘徐呂切次第也又端緒也又敘述也通作序亦作緒序東西牆也堂廡也又商學名緒絲端也又基緒統緒也漵水名辰州漵浦縣有漵溪出鄜渠川注于沅或作漵萸美也詩釃酒有萸或作釃嶼山在水中又海中洲上有石山也芧芧栗或作录亦作杼○呂力擧切一曰呂陰律也呂旅也言陰氣旅助陽氣也又長也方言東齊曰弦宋魯曰呂當作呂俗作呂又姓侶儷也伴侶也又徒也又朋也麟不侶行旅軍之五百人又俱也周制一鄙之衆也又衆也衆出則旅寓故謂在外爲旅也又陳也又亞旅官名又穭旅穭萊也野生故曰旅膂本作呂脊肉也亦作旅旅力也○胥皆也相也詩侯氏燕胥湑一曰浚也又露零貌又其葉湑湑猶沃沃也舊與醑同誤諝知也有才智之稱醑私呂切酒也酒之泲者本作湑以筐盪酒曰釃以藪曰醑一云莤也音縮與朿茅縮酒同義○許虛呂切聽言也可也與也又聽也約與之也又容也

又進也又
語助也

六語 二選

○抒挹也一曰除也又引杼機之持緯者或宁一曰
而泄之也通作杼作抒亦作竽象上
隆四周之形又云門屏門內紵直呂切𦃃屬細者爲
屏外人君視朝所宁立處絟粗者爲紵又云白
而細疏曰紵佇久立也貯丁呂切音與鸒同積也又
俗作苧誤或作竚居也又盛也或作褚亦作
著通楮丑呂切一名穀蔡倫用渚章與切小洲渚遮
作褚楮膚爲紙一曰毫楮也能遮水使迴也
沚也通作陼小洲煮本作鬻烹○暑舒呂切鼠鼠性
曰陼小陼曰沚也亦作煑熱也疑出
穴多不果故持兩端者謂之首鼠又暑行一前一卻
鼷鼠食牛角鼴鼠飲河鼫鼠五技鼨鼠如豹皮禮鼠
拱黍爲五穀之先黏者爲秫可釀酒不黏者爲黍
立黍又秬黑黍虋赤黍又黍曰薌合又鉅黍良弓也

搏黍黃鳥也舂黍螅類委黍伊威也**杵**昌與切舂杵也一云舂字午杵也午者直舂之音世本雍父作杵臼**處**止也居處居者定居處者暫止而巳又息也留也定也又制也又分別處置曰居處又女未嫁曰處女士未仕曰處士亦作処○**沮**慈呂切止也壞也又過也扇也抑也一曰丘名水出其後**咀**含味也咀嚼**阻**側呂切險也又隔也憂也山巇曰險水隔曰阻若泛言則山水通用或作岨**俎**禮俎也以机盛牲體者或作柤狙从仌俗从夊非**詛**呪也○**女**尼呂切未嫁謂之女已嫁謂之婦又婺女宿名織女三星在天紀東天女又須女四星天少府也青女天神主霜雪**籹**粔籹蜜餌江南謂之膏環**汝**人渚切爾也通作女又水出弘農盧氏入淮**茹**飲也食也又受也又貪也一曰菜茹又臭也雜揉也又茅根也○**楚**創舉切叢木一名荊也又萇楚又國名又三楚淮北沛陳汝南南郡此西楚也彭城以東東海吳廣陵此東楚也衡山九江江南豫章此南楚也又夏楚捶楚激楚曲名又淒

楚

礎楹石也柱下石○所疏舉切處所也公所王所年所又車駕所在曰行在所又語辭糈饊也又祭神米也○墅神與切田廬也又圃墅也或作野

汰字

穭羜癙褚禇怇蚷駏䝂濋莒鱮

七麌 一選

○羽王矩切音與語同鳥長毛也一曰北方水音爲水爲智爲聽爲物又舒也聚也又山名與遇韻通押雨水從雲下也疾雨曰驟徐雨曰零久雨曰苦又曰愁霖雨晴曰霽晝晴曰啓雨水曰潦時雨曰澍宇屋霤爲宇又宇羽也如鳥羽翼自覆蔽也又大也又天地四方曰宇又隤下宇或作寓禹夏王號古作[illegible]瑀石之似玉者○詡況羽切音與許同大言也奢麗誇詡一曰徧也和也又普

也又敏而栩杍也赤白皁斗俗謂之㨾音喣吹也或
有勇也象亦栗屬又栩栩忻暢貌作煦烝
也以氣噢咻訏訏勇主切音與與同水漕
日煦咻痛聲訏大也○庾倉也一曰倉無屋者露
積曰庾又大庾嶺名又姓或作斎亦作臾臾亏往體多
來體少爲㚒㚒臾㚒臾利攻守唐大利車戰唐大二强
弓愈勝也賢也過也又進也益也又愈瘉病瘳也或
名愈愈益甚之意通作俞亦通作瘉作癒通作
愈窳缺也又墮窳病也又窳渾朔方縣名又呰窳偷
生而無積聚懶人不能自起如瓜瓠在地不能
自立呰窳○矩俱雨切音與舉同規矩也本作巨或
韻會作窳作榘又常也正方之器又儀也廉隅
也亦作距又踽疏行貌詩獨行踽踽方陳也前拒
作句通作萬踽疏稀踈也或作偊拒左拒右拒當
在此韻又○傴委羽切僂也不伸也或作痀亦作齲
出語韻瘟又鼎銘一命而僂再命而傴
類羽切音與去同齒○縷力主切音與呂同綫也又
蟲也啄木鳥愈齲藍縷弊衣覼縷筆不絶

傴僂屈也僂傴疾也又俯也也或作軁○麌虞矩切音與語同麋鹿羣大也詩碩人俁俁容貌或作個○數所矩切音與暑同計也又責也又目也又幾也俗作数非籔十六斗曰籔又窶籔四足几或作簍通作藪窶藪戴器也○取士庾切音與且同捕取也又凡克邑不用師徒曰取又收也受也索也又擥也○聚慈庾切音與沮同會也也邑落云聚又衆也共也○郡羽切音與巨同或作窶階阼升降所以行禮貧無禮故先于屋室一曰貧窶也窶

七麌二選

○甫方矩切男子美稱又大也又且也又始也脯乾肉又衆也又我也又姓又章甫冠名或作父也牛脩鹿脯薄析曰脯黼白與黑相次文也裳繡斧捶之而施薑桂曰鍛脩黼形取其威斷以絳帛爲質白黑爲文或作黼通作斧簠方簠圓簋內圓外方受十二升曰簠內方外圓曰簋簠盛盛黍稷簋盛稻粱

古作匡**父**通作甫男子美稱**斧**砍也神農作陶冶斤斧斧重八斤一名天鉞又貧斧**府**府治
藏史掌書也一曰聚也又公卿牧守稱府道德之所聚帑藏稱府財貨之所聚又百官所居曰付**俯**
低頭也本作頫亦作俛又曲也樂記進俯退俯通作府**腑**人之六腑也通作府胃為水穀之府小腸
為受盛之府大腸為行道之府旁胱為津滴之府此正府也膽為清淨之府三焦為孤府非正府也**父**
扶雨切矩也家長率教者一云甫也始生已者又尚父亞父仲父亞次也敬之如父**輔**人頰骨也又車
兩旁木曰輔又助也弼也扶也又四輔左輔右弼前疑後丞又杓北極四星曰四輔又三輔京兆馮翊扶
風**腐**爛也朽也敗也又宮刑曰腐**鬴**鍑屬量六斗四升或作釜黃帝始造又區四為鬴**撫**
安也一曰循也又持也又慰勉也彈也又按也通作拊古作故**㨔**一作拊樂器也書搏㨔琴瑟搏㨔以
韋為之實之以糠所以節樂又拍也○**武**文甫切止戈為武又威也勇也剛也又角力也又冠卷曰

武又跡也又玄武武宿名北方七宿龜蛇也

舞 樂也韶舞又以手曰舞以足曰蹈又變弄也或作儛古作𦏶

憮 愛也韓鄭曰憮一曰不動也又傲也又憮然失意貌怪愕之辭

鵡 鸚鵡能言鳥又鵡本作䳇凡鳥四指三指向前一向後此鳥兩指向後

碔 碔砆石似玉或作珷通作武

膴 美也詩周原膴膴又厚也

侮 傷也慢易字也侵也輕也戲弄也或作娒亦作務古作侮

廡 堂下周屋大屋四邊重簷也

嫵 嫵媚也或作娬通作憮

五 疑古切五行也陰陽在天地間交午也中數也

午 午牾也五月陰氣午逆陽冒地而出也又辰名太歲在午曰敦牂又云歲在大棣曰午又交也一縱一橫曰交午又馬屬晉司馬氏曰典午又旁午分布也又蠭午雜沓也又女羈午達曰羈又㚷午相迕作迕

伍 相參伍也二相副謂之貳三人相雜謂之參五人相雜謂之伍十人相雜謂之什百人相雜謂之佰又姓

仵 偶也偶敵也

○**古** 公戶切故也遠代也又久也又老也又終古常也又姓

估 市稅又論價也

詁

訓詁古今異言通之使人知或 **鼓** 鼔所以撿樂爲羣
作故史訓故大義故讀作詁 音之長伊耆氏造
又土鼓以瓦爲筐以葦爲兩面可擊又不鼓又量器
曰量鼓樂浪人呼容十二石者爲鼓或作鼙古作鼓
又鼓舞之鼓从支與鐘鼓之鼓不同鼓擊鼓 **鹽** 河東
鐘鼓瑟鼓琴又鼓鑄鼓扇皆从攴俗作皷非 鹽池
袁五十一里廣七里又不堅固也詩 **瞽** 瞽者爲樂師
靡盬又啑也晉侯夢楚子盬其腦 名之曰瞽
股 髀也脛本曰股輔下 **蠱** 皿蟲爲蠱又惑也師巫爲
體者或作胋亦作 蠱以左道惑人又穀久積
變爲 **賈** 賈市也一曰 **罟** 網之 ○ **戶** 侯古切戶護也半
飛蠱 坐賣售也 總名 門爲戶又外曰門
內曰戶又民居 **祜** 福 **楛** 楛木可 **岵** 山有草木曰岵無
曰戶古作戺 也 爲矢幹 草木曰峐峐當作
屺 **扈** 有扈國名一曰止也又披也又尾也後從曰扈
又跋扈强梁也又虜扈縱橫行貌又自大也
怙 恃也詩無 **雇** 九雇農桑侯鳥止民無過時也春雇
父何怙 鳲鶞夏雇竊玄秋雇竊藍冬雇竊黃

棘雇竊丹行雇唶唶宵雇嘖嘖桑雇竊脂老雇鷃或作鳸通作扈春扈氏趣民耕種夏扈氏趣民耘除秋扈氏趣民收斂收扈氏趣民蓋藏棘扈氏掌民百果行扈氏晝為民驅鳥宵扈氏夜為民驅獸桑扈氏趣民養蠶老扈氏趣民收麥〇補博古切補綴也又裨也塡也一曰數也十兆曰經十經曰垓十垓曰補或作補亦作敝譜籍錄也又世系曰譜或作諩圃種菜曰圃又園圃樹果蓏曰圃園其樊也又玄圃崑崙山臺又芝圃蕙圃浦水濱也大水有小口別通曰浦又姓溥大也廣也偏也通作普从浦从寸俗作溥非普傍古切周偏也日無光則近遠皆同故从普又州名〇魯郎古切魯鈍也又國名大羽蒙羽之野有皁委長七八里其名魯一云愚也古作㳿通作鹵櫓大盾也又城上白露屋為櫓一曰戰陳高巢車亦為櫓或作樐亦作㯭通作鹵又漢鹵簿鹵西方鹹地天生曰鹵人生曰鹽又地不生物曰鹵沙鹵謂确薄之地本作滷亦作澛又鹵莽鳥鹵澤鹵〇杜徒古切甘棠也牡曰

棠牝曰杜又白者棠赤者杜又姓 肚 胃也腹肚也音覩 土 桑根也東齊謂根曰土或作𢾭桑皮也通作杜 ○覩 當古切見也本作睹 堵 垣也五版爲堵五堵爲雉又鐘磬編挂之六十六枚在一簴謂之堵又姓亦作陼 賭 博奕取財也或作賭 ○弩 奴古切弓有臂者蹶張曰弩黃帝作周禮四弩夾弩庾弩唐弩大弩也 怒 恚也武也努也人怒則面目張起當以心節之故心奴爲怒一曰憤也 努 勉也用力也 ○主 之庾切音與煮同一曰君也掌也典也守也領也又賓之對也又天子女曰公主 麈 鹿大曰麈羣鹿隨之皆視麈所往麈尾所轉爲準古之談者揮焉其尾辟麈 拄 知庾切撐也支也從旁指也又刺也距也或作柱 ○姥 莫補切女老稱又天姥山名 姆 女師也婦人五十無子出不復嫁以婦道教人者今時乳母也本作娒 莽 犬逐兔草中又宿草也卷葹草拔心不死又草深平曰莽又荒蕪地又鹵莽或作茻 ○土 他魯切土地吐生萬物者也五土山林川

澤丘陵墳衍原隰又五行之中央又星名一曰塡星又地爲后土又圜土獄城獄城必圜示仁也**吐**寫也又出也舒也

○**部**部之言簿也分簿之也分也又總也又六部又部伍部曲**簿**裴古切籍也又手版也又車駕次第曰鹵簿又領也

○**祖**則古切始也始受命也又法也本也上也又祭道曰祖又徂也今人謂餞行曰祖道又姓**組**綬屬組者以爲冕纓一曰薄潤爲組似繩者爲紃又草名綸似綸組似組東海有之又經緯也織也又璣組簪組纂組

○**虎**呼古切山獸之君唐人避諱稱虎曰武又虎子溲器从儿音人从几誤**滸**水邊厓岸之地本作汻亦作滸

○**乳**而主切音與汝同人及鳥生子曰乳產質也言乳文之也又乳者化之信也故从孚柔也又湩也又韭性暖名草鍾乳**醹**酒厚也或作濡

○**柱**直主切音與宁同楹也又砥柱山名

○**豎**臣庾切音與墅同豎立也又童僕之未冠者又眞也或作侸俗作竪非

○**塢**安古切小障也一曰埤墺也本作隝亦作⿰石烏

○

苦康五切大苦苓也炎上之味一曰急也勤也患也
又困悴也陵侮也辛楚也方言苦快也山以東曰
逞楚曰苦秦曰了宋鄭周
洛韓魏之間曰苦又菜名

汱字

鄅鯱弣㝷斞楰瘐貐枸蒟稌荰敷艞虜牯肝琥鄅理

砮

八薺 一選

薺

○氐至也一曰地邸都禮切郡國朝宿之舍在京師
也一曰星名邸者率名邸邸至也言所歸至也
今人謂逆旅爲邸又四圭有邸邸舍也爲圭之舍又
本也圭四出中共一璧猶衆枝同一根柢也又掌次
設皇邸板屏風染木根也抵擠也擲也又當也
羽象鳳凰羽毛柢也通作氐抵又大抵大歸也史

作大氏又觝或作牴觸也韓文觝排異端又角觝戲
作大底通作抵角角材觚抵當也兩兩相當角
力角技亦通訶也訾毀也或作呧底山居一曰下
作氐又作邸詆今人詰難之爲呧呵又止也器臀
史綠綈方底方底囊所以盛書凡公文中書謂之草
樞密院謂之底三司謂之檢秘府有梁朝宣底三本
或作底列子無底○弟徒體切男子先生爲兄後生
之谷名曰歸墟爲弟又兩姨之子爲外兄弟
姑舅之子爲內兄弟一云舅子稱姑悌易也愷悌娣
子爲外兄弟姑子稱舅子爲內兄弟也通作弟
女弟也又娣遞更易也遞代也又迢遞也○禰奴禮
姒妯娌也傳遞也或作逆俗作遰切親
廟也父廟曰禰瀰滿也又眾也泥泥泥露貌瀰水流
又姓或作祢詩垂轡瀰瀰本作苨貌
○啓康體切開也本作启明星爲启明軍在左翼曰
啟又軍前曰啟後曰殿又欵啓寡聞欵空啓開
如空之開所見小棨傳信也形如戟有檣書之吏執
也又雨晝晴曰啓爲信一曰有衣之戟曰棨棨戟

亦謂之油戟王公以下通用之一曰兵欄也**稽**下首也本作䭫**綮**緻繒也一曰徽幟信也一曰肉
結處○**禮**蘆啓切禮履也所以事神致福一云體也得其事體也**醴**醴齊醴猶體也甘濁而不
泲者又州名**蠡**蟲齧木中也又物欲絕貌又彭蠡湖名一名滙澤或作蚤○**體**他禮切身也又
生也又肢體也成形也又質也又體貌加容貌敬之也又體物狀物也或作躰亦作軆俗作体非**涕**
目汁自目曰涕一云泣爲淚涕爲鼻液**醍**通作緹緹齊體成而紅赤糟牀下酒○**米**莫禮切音
與弭同米穬實也穬顆粒也米之率糲十粺九鑿八侍御七**眯**物入目也傳簸糠眯目○**薺**
徂禮切朿菜冬水而生夏土而死有枝葉細靡謂之靡草○**洗**先禮切滌也本作洒史洒削薄技也
亦作灑又罍洗承盥洗者弃水器也○**泚**千禮切水清泚又其額有泚汗出泚泚然也○**傒**
胡禮切本作徯待也望也或作僁亦作蹊蹊○**濟**子禮切水出王屋山頂上下澄渟不流至濟源

縣平地出又止也定也齊也又濟濟多威儀貌古作洓

八薺 二選

○陛傍禮切音與婢同陛下升堂之階王者有兵陳階陛之側羣臣與至尊言不敢指斥呼陛下告之因卑達尊之意又尊者之階曰納陛又髀股也或作𩪘䏶亦作脾肶狴狴犴獄名所以拘非也或作陛

汰字

鮆澧鱧沵泜

九蟹

○蟹胡買切本作蠏八跪二敖字从解以隨潮解甲也雄曰狼螘雌曰博帶瑣珪腹有小蟹爲瑣珪

出求食不至則餒死呼爲蠏奴獬獬豸本作解或作獬觟澥勃澥海别名解曉也散也又物自散解也又緩也又易卦名又州名○灑所蟹切汛也灑掃灑水也又大瑟謂之灑長八尺一寸廣一尺八寸二十七絃或作洒躧徐行也又履不躧根或作蹝○掛古買切别也又置而不用曰掛又合而置之曰掛枴拄杖○買莫蟹切市也售人之物曰買从网从貝俗作買非○豸蟲無足者○解佳買切判也講也說也脫也散也又解者分析之名○妳奴蟹切母也乳也或作嬭唐人呼睡爲黃妳古作乳書○矮倚蟹切音與欵同矬也或作痔○騃侯楷切音與蟹同驚也○楷苦駭切木名孔子冢多此木又模也式也法也又楷書也○罷部買切罷遺有罪一曰止也休也○擺比買切開也撥也排而振之也通作捭捭闔揣摩

汰字

上聲

鳥豥鍇

十賄　一選

賄

○磊 魯猥切衆石也或作磥亦作礌又作礧又礧砢大石貌又作礨𡾋 壘 魁壘壯貌又畏壘山名 儡 偎儡木偶戲或作櫑云魁櫑又作壘云窟壘子本喪樂漢用之嘉會又作儽纍 蕾 蓓蕾始華也一曰花綻貌

○賄 呼罪切財也又贈送也金玉曰貨布帛曰賄 悔 恨也

○猥 烏賄切犬吠聲一曰并雜又鄙也遝也 椳 門樞

○浼 武罪切音與美同汙也又浼浼水流貌一曰濁流

每 草盛上出也辭也頻也又云非一定之辭亦數也常也各也凡也又貪也俗作毋非

○隗 五罪切音與洧同隗隗高也又磊隗又大隗山名又姓 嵬 嵔嵬山貌又狂險之行或作峞通作隗

○璀 取猥切璀璨玉光 皠 白也

○罪 徂賄切本作辠言罪人蹙鼻辛苦之憂秦以辠似皇字改

爲罪又罰罪曰罪 ○**腿** 吐猥切股也本作㞜 ○**匯** 說文器也又囘也水囘合也東匯澤爲彭蠡 ○**餧** 奴罪切饑也或作餧今經典相承以餧爲餧飼之餧別作餧爲饑餓字 ○**琲** 部浼切音與否同珠五百枚也又珠十貫爲一琲

十賄 二選

○**怠** 懈怠慢也通作殆 **殆** 危也一曰近也又將也 **詒** 江南呼欺曰詒通作紿絲勞即紿紿絲牽難理也 **待** 徒亥切俟也擬也遇也或作峙 **逮** 及也或作迨亦作隶 ○**采** 倉宰切捋取也一曰事也又王制千里之外曰采又采官也因官食地曰采地采从爪木後人加手作採俗作采非 **彩** 文色也又精光也通作采又文采采爲文之實文爲采之華又風采采 **寀** 寀寮官也同地爲寀同官爲寮 **綵** 繪繒也 ○**愷** 苦亥切康也樂也又愷風南方風也愷歌愷樂軍勝之樂又八元八愷或作凱亦作

豈塏高燥也左傳更諸爽塏爽明也塏燥也○海呼改切天池以納百川者也又四海海晦
也取其荒遠冥昧之稱又凡四海通謂之裨海裨海之外復有大瀛海環之醢肉醬凡作醢者必先
膊乾其肉莝之雜以粱麴及鹽漬以美酒塗置甀中百日即成○宰作亥切宰制之則辛苦故字从
辛一曰官稱又冢宰宰者調和膳羞之名冢宰亦能調和衆官故名又主也又烹也屠也又塚曰宰又姓
載年也唐虞曰載取物終更始也○乃奴亥切音與嬭同曳辭之難也象氣之出難也乃者難辭
又曰繼事之辭又辭之緩也或作迺鼐鼎大者鼐○亥胡改切荄也有微陽起接盛險象人之懷
姙也亥有二首六身志曰該閡於亥又歲在亥爲大淵獻又姓劾鞫也按也法有罪也○靉倚亥
切雲盛貌欸欵乃棹船相應聲劉蛻有湖中靄廼歌劉言史閑歌䁔廼深峽裏元次山湖南欵乃歌子
厚欵乃一聲山水綠皆字異音同舊音襖靄者誤○改古亥切更也本作攺俗从巳誤○倍

薄亥切反也鄙倍也又物相○茝昌亥切虈也卽今
二曰倍倍蓰什伯千萬也　白芷或云麋蕪又
蘪茝○在昨宰切居也
蘭茝　存也察也

汰字

櫑壘痗脢廆瘣餧頠漼鎧愷棌

軫

十一軫

○軫章忍切車上前後兩端橫木所以載人物者小
戎俴收收軫也又南方宿四星十七度軫者言
萬物益大而軫軫然又動也又弓長五尺謂之畛井
庛輪四尺謂之庛軫又琴軫或作轃俗作軫非田
閒陌也十夫有溝溝上診視也又候脈曰診或袗兹
有畛畛容大車古作眕作覫亦作訬驗也　服
也又重衣也盛服也又晝紾轉也轉繩稠髮也本
衣又單也或作裖通作振　也又捩也鬒作㐱或作

顯美髮**稹**緻也苞也根迫迮相致一云物叢生**縝**纑
爲鬒　曰苞齊曰稹今人呼物叢緻者爲稹也
結也絲縷也又〇**泯**水貌一曰盡也滅也**愍**痛也悲
密也或作㴔　泯沒也又泯泯棼棼　也憐也
恤也或作**閔**弔者在門也又閔**憫**憂也或作愍通
緡通作閔閔本作憫又姓　作閔亦通作惛**敏**
眉隕切疾也敬也聰也達也捷也又**黽**力所不堪心
五音商謂之敏又足大指謂之敏　所不堪而勉
強爲之曰黽或作〇**窘**渠隕切迫也人於**囷**圓地
勔亦作僶通作閔　穴窮迫也又困也　廩**菌**蕈
似釘蓋者曰**箘**箘簬也一曰博棊古作箟或〇**引**余
菌或作䔾　作簵又越駱之箘竹箭也　忍
切導也長也延也久也十丈爲引軸也一曰駕**蚓**
引引者信也用竹爲之古作抈**靷**車靷在胸一曰靷
本作螾其爲物不息引而後伸一名蜿蟺一〇**蜃**時
名曲蟺一名土龍江東謂之歌女亦作蛪　忍
切大蛤也蚌屬雀入淮爲蛤雉入海爲蜃又蛇化爲
蜃似蛟無足又珧蜃甲所以飾物蜃小者珧蜃即小

蚌乂白盛之蜃所以飾牆水藏也腎主智藏社
或作蜄海旁蜃氣象樓臺腎精皆水之爲也脤肉
本作祳盛以蜃故謂之祳天息允切竹萌也包
子所以親遺同姓或作脹〇筍之日爲筍解之日
爲竹一曰旬內爲筍旬簨虡所以懸鐘磬者橫曰
外爲竹或作箰俗作笋簨簨植曰虡峻也上高峻也
或箰栒祝鳩也本作鵻鶉屬今鷹之搏噬不能無
通作筍隼失獨隼爲有準毋發必中齊人謂之擊征
或謂之題肩或謂之雀〇尹余準切治也誠也進也
鷹卽今所謂鶻或作鶽又正也禮脯曰尹祭謂
截方正而用之又天子之相稱師尹信也又肯也
諸侯之卿惟楚稱令尹又姓古作𠕁允通作盾中盾
官名俗式忍切本作弞笑不况也詞也本作
作乆非〇哂壞顏曰弞或作吲矧弞取詞之所之
如矢也又笑不至矧尺尹切蝡動也出亂也
齒本曰矧大笑則見〇蠢也作也古作𢧵蠢春秋
傳王室日惷惷焉豎尹切君瞂也瞂者所以蔽
一曰厚也通作蠢〇盾身捍目兵器干櫓之屬通作

楯**楯**欄檻也　○**隕**于敏切從高下也墜也落也或作碩亦作抎通作霣　**殞**歿也通作隕

○**準**之尹切平也均也度也又則也擬也倣也繩直生準其在五則爲揆平取正之器又樂器名狀如瑟長丈而十三絃隱九尺以應黃鍾之律中央一弦下有畫分寸以爲六十律清濁之節又鼻頭曰準或作韋

純緣也禮司几筵紛純純素紛采　○**囅**丑忍切囅然大笑貌作囅誤　○**忍**而軫切能也能音耐強也又安于不仁曰忍

○**眹**直引切目兆又兆眹　○**緊**居忍切纏絲急也

○**盡**慈忍切器中空也一曰悉也竭也終也俗作尽非　○**儘**子忍切本作盡極也又皆也又盡之也一曰任也縱令也

○**牝**毗忍切禽獸飛曰雌雄走曰牝牡然詩又云雄狐綏綏雌鳴求其牝又虛牝謂谿谷

○**稇**苦隕切束也或作麇亦作麕

汰字

疹胗㾜膹暋敃狁𩦲踳

十二吻

吻

○**蘊** 於粉切積也本作薀左傳芟夷蘊崇之積之低爲薀堆之高爲崇或作菀詩我心菀結亦作宛禮積而不宛荀子夏不宛暍通作縕乾坤易之縕 **縕** 枲麻又纊兼舊絮也又束縕請火謂亂麻也 **轀** 包藏也 **慍** 心所蘊結也 **醞** 釀也 ○**謹** 居隱切慎也緊也又㦤也專也重也上从廿从廿非 **槿** 木也一名舜其花朝生暮落一名日及一名舜華蓋取一瞬之義通作堇 **堇** 草根如薺葉如細柳蒸食之甘爾雅云苦堇味甘而言苦古人語倒猶甘草謂之大苦也 **卺** 蠡也本作巹婚禮合卺用匏 ○**吻** 武粉切口邊也或作肳又作脗 **脗** 脗合也 **抆** 抆拭也摩也或作捪 ○**忿** 敷粉切悁也怒也 **憤** 房吻切懣也或作㥂亦作賁禮廣賁之音作而民剛毅 **墳** 土膏肥也一云土膏

脈起也通作貢○隱於謹切蔽也一曰安也又藏也私也又微也又度也又憂切貌殷雷聲詩殷其雷又殷殷盛貌或作磤慇痛也詩憂心慇慇通作隱○近其謹切近遠之對也凡遠近之近上聲親近之近去聲○粉府吻切粉餈米粉也古傅面亦用米粉後燒鉛爲粉又設采潤色謂之粉澤○齔初謹切音與齗同毀齒也男八月齒生八歲齔女七月生齒七歲齔○听語近切听然笑貌

汰字

刎坋羵惲櫽攟麇

十三阮 一 選

○苑於阮切所以養禽獸古謂之囿漢謂之苑苑蘊也言薪蒸所蘊積又文貌又閬風苑又柰苑鹿

苑皆佛成道處宛屈草自覆也又宛宛然猶依然也又小貌又宛丘四方高中央下婉順也美也琬
圭有琬者琬之言婉也宛然象柔婉也畹田三十晦曰畹楚辭滋蘭之九畹注云十二畝或作畓
○蹇居偃切跛也又卦名險難也又建覆也史居高屋上建瓴水翻水也或作攓謇吃也難于
言也或作譾譾通作蹇○楗巨偃切門限也一曰拒門木或作闥通作揵鍵鉉也一曰車轄
又陳楚謂戶鑰曰鍵又司門掌受管鍵通作健揵舉也漢武塞瓠子河下淇園之竹以爲揵楗竹塞水
又接也○偃於幰切偃也偃仰又息也服也靡也卧也又偃蹇驕傲通作匽堰壅水也埭也通
作偃○巘語偃切山形似甑甗無底甑○圈窘遠切畜閑也又虎圈又地名菌地蕈
也○阮虞遠切阮琴本阮咸所製元康中有發古墓得此器以銅爲之遂依製以木爲之因名阮
咸又代郡五阮關也又姓○遠雲阮切音與阮同遠也又遙也指遠近定體也○烜火遠切日

氣曝也光明也又宣著貌通作咺　○𢠽許偃切車上
又作喧亦作煖記煖之以日月　張繒曰𢠽
○綣苦遠切繾綣
不相離散也

十三阮　二選

○壼苦本切宮中巷　梱門橛也門兩旁採門短限亦
路詩室家之壼　梱謂之檐限又梱猶款也款扣
也人物出入多觸扣之也　捆齊等也猶叩椓也織屨
或作閫閫內閫外古作朱　者必以木椎叩之使堅
平　悃悃愊實情也楚辭悃　○衮古本切天子龍衮衣
也　悃款款志純一也　五章裳四章皆繡龍
蟠曲或作卷亦作　蔉壅苗也傳　緄織帶也佩刀緄
卷又曰衮衮多貌　是穮是蔉　緄帶又緄縢繩也　○
盾徒損切人　遯遷也逃也又退也隱　沌水不通一曰
名晉趙盾　也弋作遁踳亦作逯　混沌元氣未
判　○撙祖本切挫也趨也裁抑也又撙節史馮軾撙
銜或作繜荀子恭敬繜又作僔荀恭敬而僔

噂聚語也詩噂沓背憎噂沓沓相對談語○懇口狠
背則相憎逐或作僔噂噂衆也亦作譐切懇
惻至誠也或作貇史貇貇墾耕田用力反
數奸死亡之誅亦作頎墾土也闢也○本布忖切木
下曰本根也始也舊也古作畚蒲器所以盛種木作
畚又豐本韭也昌本昌蒲也畚或作畬一云以葦
索爲之○損蘇本切減也傷也又貶也又卦○穩鄔本
筥屬也名虧減之義又失也古作抆
切安也本作㥯今借作穩穩○很胡懇切不聽從也
蹂穀聚也或作躔俗作杢非很戾也一曰行難
也史很如羊羊○忖取本切度○混胡本切豐流也
愈䒨愈不進也思也一曰雜流又混
濁也又混沌沌陰陽未分或作渾渾渹
渾沌又渾天圓貌渾然無圭角也

十三阮三選

○晼無遠切暮也輓引車也又漕輓推輓或作
晼晼日落貌𨍭挽又挽歌執紼者相和聲○反

府遠切反覆
也古作反
返還也通
作反
○阪山坡曰阪一曰澤障一
曰山脅或作岅坂又蒲
阪舜都羊腸阪太原北
九十里九折阪邛崍地
○飯扶晩切食也謂餐飯或
作飰凡餐食之飯與飯
之之飯
皆上聲

汰字

鰋鼴蝘鄢晅鱒焜鯀

十四旱　一選

旱

○但徒也空也又語辭
或作亶通作儃
袒徒旱切袒裼偏脫衣袖也
或作襢亦作亶荀子亶露
者
誕欺也詞放也又大也詩書中
凡云誕者乃也濶也大也
○散蘇旱切本作
㪔雜肉也又
散誕也疏離而不聚也又宂散閑散
又不在可用之數又不自撿束爲散
繖蓋也繖絲綾
爲蓋又㒳繖

或作懺亦作傘饊熬稻粻餭也楚辭粔籹蜜餌有粻餭也〇旱合罕切不雨也又山名詩旱麓悍性急也强很也通作旱〇侃空旱切剛直也又和樂貌或作偘史偘偘不干虛譽衎行喜也〇亶當旱切多穀也又厚也一曰誠也信也篤也或作單通作僤坦他但切安也坦坦平也或作壇亦作僤〇稈古旱切禾莖也一曰卽稭之和皮者一作秆或作䕸笴箭笴也或作幹亦作竿史生奇材木箭竿又作簳〇瓚藏旱切宗廟祼器形如槃一說玉石相半曰埒四玉一石曰琥三玉一石曰瓚諸侯用之一云受五升口徑八寸以圭爲柄用以灌鬯〇罕許旱切本作罕天子前驅有九旒雲罕一曰希也〇嬾落旱切懈怠也女性多怠也一曰臥食也或作懶亦作孏又作悚㦨从負从賴非

十四旱 二選

○管古滿切管如篴而小大管謂之簥長尺圍寸又管鍵管鑰又筆彄也又主當也又五管廣桂容邑安南也又管管小見也管小物也管管然自用其私智也或作琯古者琯以玉舜時西王母來獻白琯通作筦館客舍也禮五十里有市市有館館有積以待朝聘之客俗作舘非盥澡手也以盤水沃洗曰盥斡運也轉也史斡運山海之貨斡棄周鼎○纂作管切似組而赤纂組也一曰集也纘繼也通作纂史纘羌之緒酇百家為酇酇聚也又五家為鄰五酇為里五里為酇五酇為鄙一曰五鄉為酇又酇列也○緩胡管切舒也遲也或作緩澣濯衣垢也又上澣中澣謂上旬中旬亦作浣○款苦管切誠款也又叩也至也惠也愛也又敬也留也徐也誌也親也从出省作主俗从匕誤窾空也通作款實不中其聲者謂之窾○滿母伴切盈溢也充也足也又撲滿以土為之蓄錢之具可入不可出出則撲之懣煩悶也又煩冤○短都管切有所長短以矢為正促也不長也

斷截也翦也古作剆剖俗作断断非此乃截之使斷若自然判絕則杜管切○盌烏管切小盂也

本作𥁅或作埦椀○算損管切物之數也計也或作選撰○卵盧管切凡物無乳者卵生

切絕○煖乃管切溫也本作煗或作暖○伴浦旱切大貌又依也倍也又伴奐○斷杜管

也

汱字

疸曈篹痯餅

十五潸一選

潸

○赧奴版切面慚而赤也或作赧亦作𢤱戁敬也悚懼也詩不戁不竦○棧仕限切棚也閣

也閣木爲路僝具也本作僝又見也方鳩聚見其功○琖阻限切爵也夏曰琖殷曰斝周曰爵

亦作盞又作醆醆酒濁而微清盎齊○剗初限切平也削也通作剷丳燔肉器○潸士板切涙下貌○版布綰切判也又木片又版圖今鄉戸籍謂之戸版又版版僻也或作板板板反也謂反側不正通作鈑莊子金鈑六弢○產所簡切生也又產業

十五潸　二選

○晥明貌通作晥又晛晥光鮮好貌又窮視貌莊晥然在纆繳之中莞小笑貌○簡古限切牒也簡書也一曰略也寬大率略之名又大也又忽慢也也又手版古制長二尺四寸短者半之漢長二尺短者半單執一札曰簡連編諸簡曰策又姓柬分別之也又選也擇也或作揀通作簡○綰烏板切一曰絳也絹也繫也○僩下赧切音與限同武貌晉魏間謂猛爲僩一曰寬大貌○撰離晥切持也具也撰述也造也又則也或作篹亦作譔○限胡簡切阻也度也齊也又界也

檢也一曰門楣閫也○**眼**五限切目也古作𥃩○**矕**母版切目矕矕也視貌又目美也又山名

汏字

撊睅嵼㵐輚

十六銑

○**踐**慈演切履也又殘壞也蹋也一曰列也或作跈○**餞**送也食送人也又賓餞賓導也導者引前之言送者從後之稱○**俴**淺也又俴駟孔羣淺薄金甲**翦**子淺切羽生也本作𦑊或作剪齊斷也或又作劗揃亦作鬋**戩**履戩福也戩祥也**譾**淺也本作譾能薄才譾或作俴**揃**滅也通作翦**錢**銚也古田器詩庤乃錢鎛○**扁**婢典切音與辮同石貌詩有扁斯石**辮**交也繆也通作編編髮又記編萑以苴之**扁**補典切署也署門戶之文也一曰門戶封署也又盧扁輪扁**匾**器之薄者

曰匾又不圓貌通作扁

惼 偃惼性狹也急也通作褊詩維是褊心

褊 方緬切衣小也又褊小陿陋也又敝也

諞 巧言也書截截善諞言

○**顯** 呼典切明也著也

峴 胡典切山名在襄陽一曰嶺小而險一曰嶺上平

晛 日氣一曰明貌

俔 譬喻也

睍 出目也又小視也又睍睆鳥聲通作俔韓文伣伣俔俔

巘 魚蹇切山形似甑又山峰通作甗

讞 議獄也

○**銑** 蘇典切金之澤者國語玦之以金者銑寒甚矣銑洒也洒然寒貌言無和潤也一曰小鑿一曰鍾下兩角其間謂之銑

毨 選也仲秋鳥獸毛盛可選取爲器又毨理也毛更生整理也或作⿰毛隹

洗 洒足也又潔也又姑洗律名言陽氣洗物辜絜之辜必也必使之絜也通作洒

跣 足親地也喪則徒跣祭則不跣主恭也燕有跣主歡也或作踐

鮮 少也本作尟或作鱻俗作尠

蘚 垣衣一曰白草名又苔也

○**湎** 彌兗切沈湎也溺也飲酒過久若沈浸然湎然俱醉顏色同也或作⿰酉面亦作⿰酉丏通作沔

黽 黽水出臨菑其

流急諺云疲馬不渡黿水免美辨切釋也止也又黜
又殺黿在陜縣東或作澠也脫出去也事不相及
也又冕大夫以上冠也邃延垂瑬纊紞冕之言俛俯
縱也俛後仰前俯主於恭也或作絻亦作悗也
古本作頫勉强也勗也勸也○善常演切吉也本作
低頭也又勤也通作俛譱大也佳也良也
或作嬗善膳具食也墠壇僤行動貌單單父縣○繭
惡之對或作饍也嬋僤也名又姓
古典切繭蠶衣也又繭繭猶緜緜趼獸足也又胝也皮
緜也聲容微貌古作絸俗作蠒起也或作繭通作
繭謂足胝蹇九輦切跛也屯難也○殄徒典切盡也絕
起如繭也又卦名又姓也滅也或作填
沴陵亂也陰陽塡盡也詩哀○衍以淺切水朝宗於
之氣有沴我塡寡海也一曰廣也達
也樂也散也水溢也又豐也寬也盛也饒也盈也延
也又山阪曰衍又下平曰衍又饒衍衍筩也从水行
俗作衍非演長流也泓涵演兖以轉切兖州之兖九
通作演迤一曰水名州之渥地也元命苞

云五星爲兗州兗端也信也又云取沇水以名通作沇从儿从口俗書兖者誤○選思兗切遣也選擇也又少選須臾也又數也通作撰又白選貨貝名撰士免切持也數視也又則也又數也譔述也造也爲也又專敬也或作篹通作撰○腆他典切膳腆腆多也又厚也又善也古作殄靦凡人瞻覗心實見之故有別識無恥之人面見之而已心實否也一曰雖靦然人面實禽獸也或作醧䩄○撚乃殄切執也以指捓物或作撚涊淟涊垢濁也又汗貌○鉉胡畎切舉鼎具一曰鼎耳易謂之鉉禮謂之鼏泫露光也又泫然流涕貌又水名出上黨泫氏縣○展知演切轉也誠也又信曰展又整也適也審也又舒也省視也又姓輾囘而不周曰輾輾轉猶婉轉反側猶反覆通作展○闡昌善切開也大也明也闡也顯也幝車弊貌詩檀車幝幝○件巨展切分也分次也又名件也鍵籥牡也俗謂鎖須爲牡者以入者爲牡容者爲牝○辨符蹇切別也判也易剝牀以辨

淅足上也或作扁荀子扁善之度 辯 治也罪人相訟察言以治之又理也慧也 ○變 順也婉也

又綦也本作嬌 臠 力兗切切肉臠也或作脟又禁臠鼎臠 ○舛 昌兗切相背也一曰錯亂也舛

錯也或作踳亦作僢 喘 疾息也 ○畎 姑泫切古作甽水小流也古之溝洫耜廣五寸二耜爲耦

一耦之伐廣尺深尺謂之畎倍畎謂之遂倍遂曰溝倍溝曰洫倍洫曰巜巜即澮也六畎爲一畝或作甽

又山谷通水處亦曰甽又作畎 犬 苦泫切小曰狗大曰犬殷虞晉獒楚獷韓獹宋猈皆良犬之名也

○輦 力展切輓車也一云駕人以行曰輦天子所乘曰輦 璉 盛黍稷器夏之四璉殷之六瑚周之

八簋或作槤 ○典 多殄切五帝之書也又大冊也一曰常也又經也法也又五典六典治典教典

禮典政典刑典事典也 ○淺 七演切不深也又少聞曰淺 ○雋 徂兗切肥肉也蒯通著書

號雋永其說有味而長也 ○轉 陟兗切動也自運也又旋也又軫轉無窮也 ○卷 居轉切舒

卷之卷又桊卷也或作捲○㥏動也或作蠕荀子惴㥏之蟲惴音喘○篆古書史籀作大篆秦程邈作小篆又𠨍曰篆又夏篆車名○剸旨兗切音與轉同截也凡人有剸制剸若人首一斷不可復續也○遣去演切縱也送也又袪也逐也發也

泧字

𧝋䰄鶣琄絹獮癬蕆僤鱔𪉱沔吮輭蝡碝瑑蜎

十七篠

篠

○眇一曰小也又小也末也盡也𡸣眇幽眇眇藐亡沼切遠也𠠝也又輕視貌杪木末又蕆之杪末淼大水也○鳥都了切當時曰鳥胎卵曰㲉又白鳥蚑也玄鳥燕也丹鳥螢也蔦寄生草一曰兎絲褭奴鳥切騕褭良馬名渺渺瀰水貌又茫渺杳渺緲微也縹緲通作

又褭驍麟趾古駿馬又褭驍金名或作裊騕鳥與飛菟明君有德則至又簪褭漢武功爵名以組帶馬曰褭簪褭言飾此馬也

儴 美也僄儴舞者儴身若環也一云僄儴細腰

嫋 娜也嫋娜長弱貌又曳貌又風動貌通作裊

嬲 戲相擾也

○**了** 盧鳥切慧也訖也決也

繚 纏也或作繆繆繞也

僚 好貌詩佼人僚兮舒遲貌一曰戲也或作嫽

瞭 目明也

蓼 辛菜有紫赤青馬水香禾等種最大者名龍有花蓼者妨稼之草詩集蓼蓼辛苦之菜故以喻多難

○**縹** 帛青白色

醥 匹沼切酒清也

標 俾小切木末也標杪

摽 俾小切擊也春秋傳長木之斃無不摽一曰拊心貌又微腫也又絜鑰壯也

慓 疾也急性也

○**皎** 古了切月之白也又皦皎白貌

皦 玉石之白也又皦如音節明

矯 居夭切揉也正曲也一曰妄也詐也擅也又矯虔稱許爲矯强取爲虔託也妄託上命也又勇也又矯矯高舉貌通作撟橋

糾 窈糾舒遲貌詩其笠伊糾

蹻 蹻蹻彊直貌又武貌又舉足加高貌

○

兆治小切灼龜坼也其兆有如此者又十萬爲億十億爲兆又京兆京大也兆衆數又三兆玉兆瓦兆原兆也又四兆方兆功兆義兆弓兆也又昭兆寳龜也又綴兆舞位也又丙歲名游兆一曰柔兆旐龜蛇四斿以象營室悠悠長也又長尋曰旐帛全幅長八尺繼旐曰旆肇始也擊也又正也敏也長也趙趨也少也久也一曰國名又姓又伯趙氏司至即鵙鳥〇遶而沼切圍也通作繞嬈亂也苛擾也史除苛解嬈繞纏也又姓擾煩也亂也一曰順也又安也又畜宜六擾馬牛羊犬豕雞〇挑徒了切相呼誘也本作誂擿挑敵以求戰傳謂之致師一曰戲也弄也又撓挑宛轉循環貌窕窈窕幽閒也一曰貞專貌一曰善心曰窈善容曰窕佻佻佻獨行貌一曰偷也或作倠掉搖動也顫也〇杳烏皎切冥也从日在木下深也寬也寂也或作窅窈深遠也通作窅窅深目也〇朓吐了切晦而月見西方曰朓朔而月見東方曰朒月行度贏則朓見于西縮則朔見于東

眺遠視也目不至也望也或作頫○沼之少切池也一曰圓曰池曲曰沼又璧沼太學也昭明也詩其音昭昭○紹市沼切緊糾也又繼也佋介行也佋介也通作紹○悄親小切憂也憂思低小也又靜也愀容色變也○勦子小切勞也孟心勦形瘵湫隘下也一曰水名○篠先鳥切箭屬小竹也本作筱篠出曾郡山堪爲笙○曉馨鳥切明也曙也又慧也知也又了也開喻也○小思兆切音與篠同物之微也始可分別也又白小魚名○夭於兆切屈也又夭矯也又短折不盡其天年曰殀亦通作夭○少書沼切不多也史絕甘分少○表陂矯切上衣也本作衷一曰識也明也外也又杪也末也又幟表下言於上曰表又表表偉貌○殍平表切通作莩又作莩餓死曰殍○皛胡了切顯也

汏字

巧

灂曒蔈秒蟜敿溔鷕

十八巧

○姣長美也好也又姣媚或作佼　狡古巧切狡犬巨口黑身又狂也猾也健也又狡獪　擾亂也又手動也又撓也或作捁　絞繿也縛也又刺也急也　膠膠膠和也動撓貌　○卯莫飽切冒也二月萬物冒地而出象天門之形故二月爲天門歲在卯曰單閼又卯茂也謂陽氣生而孳茂也俗作夘非　昴昴七星昴之言留也物成就繫留也主獄事明則天下牢獄平又昴胡分　○巧苦狡切技也好也能也善也巧拙之反又機巧也又黠慧　○飽博巧切厭也食多也古作餜　○撓奴巧切擾也一曰抹也或作[illegible]　○爪側巧切覆手曰爪謂以手抓也又手足甲曰爪或作蚤通作抓　○拗於狡切手拉也折也尉繚子拗矢折矛　○齩五巧切齧骨七命口齩飛刃或作[illegible]作咬

非○鮑薄巧切鮑陳臭也禮籩人膴鮑魚鱐鮑者於楅室中糗乾之出江淮又姓○炒初爪切熬也本作煼謂熬米麥也方言火乾也或作鬻亦作焣○稍山巧切漸也史稍稍引去

汰字

茆獠

十九皓

○皓胡老切白皃本作顥楚詞太白顥顥古賦二顥氣清英西顥流碭又四皓亦作皞又作景顥與皓同浩浩汗大水皃又浩然廣大皃或作澔皞皞旰也口轉高皞旰盛也明也又太皞伏羲氏少皞金天少位在東方象日之明故稱太皞西皞西方少昊也一作皞通作昊皓顥鎬温器也又武王所都在長安西上林苑中豐東二十五里通作鄗滈灝灝灝猶漫漫夷曠也又灝溔水勢遠也通作皞

昊本作昦春爲昊天元氣昊昊○早子皓切本作皁
又夏曰昊天通作皥亦作顥　日在甲上晨也
初時也又先　蚤齧人跳蟲本作　藻水草也有文出水
也通作蚤　𧒒或作𧈡蚤　下不能出水以澡
自潔書藻火取其清明又藻井刻荷菱水草所以厭
火又鳧藻士卒懽悅如鳧戲於藻又玉藻天子之冕
朱綠藻又文　澡澡洗也　棗大者棗小者棘酸棗棘也
藻芹藻品藻　通作繰　棗性重喬棘則低矣字从
朿音刺　寶博抱切珍寶也人所保也又瑞也符璽
从朿非○　也重也貴也或作珤通作葆史珍寶字
肯作　保養也太子有保保其身之動靜衣服飯食也
葆　任也抱也全之也安也恃也依也又守也又
神保靈保鬼神之嘉　葆草叢生曰葆一曰大也史頭
號又州名亦作采保　如蓬葆又鼓上飾又合聚五
采羽爲幢曰羽葆又野葆野　褓小兒衣也襁褓也
菽寶可食又葆光韜藏也　或作緥通作葆　堡
隄也墇也或作墺○禱都皓切求福曰禱　擣手推也
通作保亦通作葆　求得曰祠亦作嘄　一曰築

也或作搗亦作搗又作捯

島 海中山可依止曰島又海曲曰島或作隝隯又作嶹又三島蓬萊方丈瀛洲又島夷

倒 仆也又顛倒潦倒傾倒又絕倒笑也 ○

縞 古老切縞皓也又縞素曲皁俗善作之精細曰魯縞又吳縞玄纖縞

稾 禾莖爲稾去皮爲秸又文草曰稾或作藁

杲 明也日拂于扶桑是謂晨明故東字日在木中登于扶桑是謂朏明故杲字日在木上日晡則反景上照于桑榆故杳字日在木下

皓 潔白也詩白石皓皓 ○

道 徒皓切本作衜道者蹈也人所蹈也又理也衆妙皆道也三才萬物共由者也又秦漢制縣管蠻夷曰道無蠻夷曰縣又墓路曰神道又州名道德之道在此韻

稻 稌也今人以黏爲糯不黏爲秔

纛 翳也亦作翿舞者所執漢書黃屋左纛音毒 ○

腦 奴皓切頭髓也本作瑙或作剴

瑙 瑪瑙石次玉也或作碯

惱 懊惱也又事物撓心也本作㛴或作嫐亦作憹 ○

嫂 蘇老切兄妻也本作𡝩俗作㛮非

燥 乾也

掃 棄也本作埽汜埽曰埽埽席前曰拚或作騷

○懊恨也或作怏 襖袍也 媼烏皓切音與拗同老嫗爲媼又地神爲富媼 ○老盧皓切考也七十曰老者老也又宰相曰堂老 潦雨水大貌霪雨爲潦又行潦路上流水 ○草采老切本作艸凡草叢生故从二艸又文藁曰草又草書又苟簡曰草草又作屮 懆懆懆愁也 ○皁昨早切黑色又馬閑一曰食牛馬器梁宋齊燕之間謂櫪曰皁又賤人直馬者士臣皁皁臣隸又梓實爲皁斗卽橡也其房可以染黑俗因謂黑爲皁又實未堅曰皁俗作皂非 造建也作也爲也又天地之撰曰洪造又俊士造士 ○考苦浩切老也校也成也古者以父母爲考妣後世亡則稱之又落成曰考又瑕釁也夏后氏之璜不能無考通作攷 槁木枯槁亦作槀 ○討他浩切奉辭伐罪一曰求也治也誅也又探也去也 ○好呼皓切美也善也 ○天記不妖天斷殺少長曰妖天母殺胎天胎腹中未出者天胎已出者 ○抱薄浩切裹也本作袌持也引取也又挾也

汏字

獠橑稻駣鴇鳵栲藳

二十哿

哿○哿古我切可也詩哿矣富人又嘉也 舸南楚江淮凡船大者謂之舸小舸謂之艖 可枯我切肯也許也可否之對又僅可而未足之詞又不可曰可反言之也書試可乃已言試而不可乃已之也 坷坎坷不平貌 軻車接軸也又轗軻車行不利故人不得志曰轗軻亦作埳軻 ○娜奴可切妸娜美貌又舒遲貌亦作婀娜又作阿那 旎旖旎旗旎貌或作旖又旖旎盛貌 儺行有節又裹儺 ○果古火切木實也又果然驗也又果決因果也又腹飽又果果然獸似猴俗作菓亦作倮 裹纏也包裏也 蜾蜾蠃細腰蜂一名蒲盧俗呼爲蠮螉 ○墮徒果切落也本作陊亦作隓墯隋又作

隋銎曰斧自墮酒名兩墮猶持兩端　惰　不敬也本作憜古作墮　垜　堂塾也一曰射堋或作垜　○
跛　布火切行不正一曰足偏廢或作[illegible]　簸　揚米去糠也簸揚也通作播　播　揺也又布也又亡逃
也又散越也播遷也　○　禍　胡火切神不福也殃也災也或作媧通作旤　夥　凡物盛而多齊宋之
郊謂之夥或作緺　輠　盛膏器本作楇車行載脂膏以塗軸齊人謂淳于髡爲炙輠謂其言有味如炙
輠器雖久而膏不盡也或作[illegible]　○　鎖　蘇果切銀鎖也或作鏁鎖鑰也　瑣　玉聲又細也小也又瑣瑣
繁碎猥屑貌又青瑣門名又凡物刻鏤罥結交加爲連瑣文者皆曰瑣非獨門鏤也或作璅　○　頗
普火切頭不正也又差多曰頗多良久曰頗久多有曰頗有　叵　不可也又遂也　○　顆　苦果切小
頭也今言物一顆猶一頭也又珠琲曰顆又土塊　果　飽貌　○　瑳　此我切玉色鮮白又美貌　○
拕　引也又曳也史紆青拕紫或作拖　○　我　五可切施身自謂也一云傾側也取戈自持也　○

荷胡可切儋也負荷也亦作何柯抲○左藏可切左手也佐也右手之佐也人道尚右以右爲尊故非正術曰左道讁官曰左遷又手足便右以左爲僻故凡幽猥曰僻左策畫不適事宜曰左計又捨天子仕諸侯爲左官去朝廷爲州縣爲左遷又証左左驗又姓○朶丁果切樹木垂朶朶也今謂花爲朶又朶頤張頤動也○妥他果切安也平也帖也或作綏綏下於心又爲小俯之義○坐徂果切止也又挫也骨節挫屈也又行坐之對○麼母果切細也又么麼細小或作䯢○臝郎果切蜾蠃也一曰虒蝓○火呼果切南方之行炎上於卦爲離離燬也物入卽皆毀壞也又火化也陽氣用事萬物變化又人火曰火天火曰灾又大火鶉火辰次之名古作炚○邏遮也巡也

笴䡾哆柁沱硪剁蠃蓏彖蠡髁砢儸

汏字

馬

二十一馬

○假 非眞也且也借也又大也又南方陽氣任養物於時為夏假 斝 玉爵也夏曰琖商曰斝周曰爵又斝受六升又斝彝尊名斝者畫禾稼或作斝 賈 市也又國名又姓 嘏 大遠也純嘏大遠之福也又嘏者祝為尸致告於主之辭 ○下 底也反上為下又云元任物之下之下非自上而下之下又豐下縠也烏程若下並美酒名 夏 胡雅切中國之人也又大也又夲夏禹樂周禮鍾師奏九夏一王夏二肆夏三部夏四納夏五章夏六齊夏七族夏八該夏九鷔夏又赤也又夏采翟羽也又國名又姓古作夓 廈 大屋也通作夏 ○野 羊者切郊外也又牧外曰野大野曰平又朴野古作壄或省作埜 冶 銷也爐鑄謂之冶又姚冶妖冶女態也 也 語之餘也凡言也則氣出口下而盡又語助辭之終也又決詞也或作芒 ○者 章也切別事詞也又語助又卽物之辭如彼者如此者又此也凡稱此箇

爲者箇是也俗用這字爲這箇非

赭赤土又赤色○雅五下切楚烏也一名卑一名鸒居秦謂之雅卑音匹小而多羣腹下白江東呼匹烏又純黑而反哺者謂之烏小而腹䄷反哺者謂之雅又魚魚雅雅魚與鳥飛行皆成隊又樂器狀如漆桶而弇口大二圍長五尺六寸以羊韋鞔之賓醉而出以此樂築地爲行節又上壽酒奏介雅食舉奏需雅或作鴉

疋正也古詩大小疋又爾疋本作疋今文作雅而疋字但音匹矣○寫悉姐切置物也記器之溉者不寫其餘皆寫謂之器中又除也程也傾也輸也又轉本曰寫又摹畫曰寫

瀉水去也一曰鑑形又傾瀉通作寫○若入者切草乾也一曰若若綏垂貌一曰今人謂弱曰若又賀若琴操名般若唐言智慧又浮屠所居西域謂之蘭若

惹詭也淹也結也辭也引著也或作㦽○鮓側下切本作鮺藏魚也南方謂之鮓北方謂之鮺又蘊也以鹽水釀魚爲菹亦作䱹[illegible]

苴土苴和糞草也一曰糟魄又査滓也一曰不眞物也或作苲○撦

齒者切裂開也哆大貌脣下垂貌詩哆侈又邪也裼子未有述斜哆而稍正也或作移○馬莫下
切馬八尺以上爲龍七尺以上爲騋六尺以上爲馬又大司馬官名司馬金馬皆門名又投壺立筭爲馬
馬有感武射者所尚又姓○灑沙下切落也汎也或作洒○啞烏下切暗啞不言也或作瘂
○且七也切略詞又語詞又借曰之詞又姑且發語詞又與古語載字同又姑字義同又此也又與
又字義同又未定詞又荀且草率也又六月得乙曰橋且丁曰圉且已曰則且辛曰塞且癸曰極且蓋以
未爲且也故六月爲且月○社常者切二十五家爲社各樹土所宜之木又社者五土之神共工氏
之子句龍爲后土能平水土故祀以爲社后土官名故世人謂社爲后土○捨書冶切釋也亦作舍
○姐子野切蜀人謂母曰姐古作毑或作她媎又慢也荀子藍苴路作似知而非苴讀爲姐慢也
○把搏下切握也持也執也秉也○寡古瓦切少也从頒分也分故爲少又倮也倮然單獨

也又無夫無婦並謂之寡丈夫曰素婦人曰嫠又寡
妻嫡妻也嫡妻故言寡猶言寡小君又諸侯自稱寡
人又孤 ○瓦五寡切夏昆吾作瓦陶者爲瓦必圓而
特也 剖分之分之則瓦合之則圓而不失其
瓦之質又 ○打丁把切擊也又俗用打疊打
縹瓦鴛瓦 聽打請打量打𨈗字不一

汏字

檟假閜踝輠冎

二十二養

養

○罔文兩切無也又昏蒙無知貌又衣服在 網庖犧
身而不知其名曰罔又象罔得玄珠 臣芒
作網罟或作罔又禁網世網又網戶朱綴以 惘惘𢠾
木爲門扉刻爲方目如羅網狀即漢罘罳 失志
貌亦皇遽貌通作罔本作蝄蛧蜽山川之精物或
史敞罔靡徙失志也 魍作蝄亦作方良罔閬又土石

之怪夔罔兩水石之怪龍罔象

枉　紆往切衺曲本作桂又抑枉也

往　于兩切之也本作徃去也行也至也古作逞或作淮

○恍　胡廣切昏也本作慌或作荒亦作怳恍惚不分明也又惚恍儻恍懒恍忽恍

幌　帷幔也

榥　書牀也

晃　暉也光也照耀也本作晄或作爌又作熿爌

○紡　撫兩切績紡也

仿　相似貌又仿佛或作髣髴猶依稀也見不審貌俗作仿又古作俩

倣　分兩切傚也學也依也或作放通作昉

昉　旦初明也又始也

○獎　子兩切勸也助也又成也譽也又縱臾之也又崇也或省作將亦作獘

槳　前推曰槳後曳曰櫂或作⿰舟將⿰木將

蔣　菰蔣也又國名又姓

○兩　良獎切參天兩地兩數偶也又太宰以九兩繫邦國之民與民相合偶聯綴有九事又匹也又車數曰兩車有兩輪故名又五兩雞羽候風者字从入不从人

緉　兩屨也通作兩詩葛屨五兩

魎　本作蜽木石之怪夔蝄蜽通作兩

○享　奉上之謂享獻也享以訓共儉宴以示慈惠享有體貌設几而不倚

爵盈而不飲肴乾而不食宴則折組相與共食饗鄉
又祭也臨也向也歆也受也一曰當也通作饗人
飲酒也又索饗響許兩切聲之外曰響響猶怳也怳
蜡祭也又燕饗怳然浮也實而精者曰聲朴而浮
者曰響響之附聲如影之著○丈直兩切竹爲引引
形或作嚮亦作薌又作嚮鄉一丈又丈人嚴莊
之貌不从黙杖持也一曰殳類殳杖几杖上聲持杖
俗作丈非之杖去聲又曰几杖之杖經史無明
音姑从二聲通用惟持仗刀戟總名凡兵仗器仗之
杖之杖不可作上聲仗二聲通用惟湛仗之仗
無上○蕩徒朗切大也又蕩蕩廣平貌又水勢懷襄
聲無檢束也又英蕩函器以盛節者一曰畫
函又駘蕩莽蕩盪滌器也又滌盪搖碭文石又碭山
板蕩通作盪動貌又震盪播越又流碭秋氣
也○儻他朗切倜儻卓異貌又倜儻不羈也又曭目
俶黨瑰瑋又冀也或然之辭也通作黨無
精直視一云曭帑金幣○莽模朗切草名有毒又草
莽日不明也所藏深貌又草生廣野莽莽

然故山草莽又鹵莽苟且貌 漭 沆漭大水貌或作淵 茫 沆茫廣大貌 ○黨 多朗切五族爲

黨又輩也又美也累也朋也偏也庇也又頻也 党 姓也 讜 善言也直言也 ○壤 如兩切柔土也

一云無塊曰壤以萬物自生則言土以人所耕樹藝則曰壤土堅而壤濡又境壤糞壤又垓壤萬生億億

生兆兆生京京生秭秭生垓垓生壤壤生澗澗生正正生載又畚壤天地也又擊壤古戲 穰 豐也又浩

穰浩大穰盛言人衆多又稠穰又穰穰也 攘 擾攘也 ○像 徐兩切似也形像也又摹倣也通作

象 象 南越大獸長鼻耳三年一乳又南方曰象南蠻號又象胥通夷狄之言又罔象水神水石之怪

又舞象文王之舞又州名又犧象二酒尊名又達麽傳負荷大法者比之龍象古作爲 橡 栩實一曰

櫟實本作樣通作象象斗染黑 ○養 餘兩切供養也育也樂也飾也又養養心憂不定貌儿養育涵

養皆上聲彼非自養而我養之則去聲傳廝役扈養養馬者曰扈炊烹者曰養从羊俗作養非 痒 膚欲

搔也或作癢○鞅於兩切牛馬羈也一曰牛駕具在腹曰鞅又鞅掌又鞅鞅不滿足也怏不服

也懟也怏悵也情不滿足也通作鞅○想息兩切希而思之也○鯗魚腊也南人以魚蕘而食

之曰鯗或作鱶○敞昌兩切平治高土可以遠望也一曰開也露也高也曠也豁也通作惝氅

析鳥羽為旗衣之屬或作鷩○繈居兩切音與講同負兒衣鏹以繈貫錢也通作繈○顙

蘇朗切額也磉柱下石也○曩奴朗切鄉也曩猶曏也相攘却戍故舊也又久也瀼水流

貌又水名杜子美瀼東西又元結家瀼濱○掌諸兩切手心也又主也又鞅掌負荷捧持以趨走言

促遽也又抵掌側手擊也長知丈切孟也凡崗高位尊皆曰長又公卿大夫士子弟食采邑者令曰令

長又夷狄首領亦曰長又大也又長養生長又教誨不倦曰長○彊其兩切勉也亦作强○仰

魚兩切舉也偃仰又反首望也又仰者心慕之詞或作卬又東方青帝曰威靈仰○爽踈兩切明

也爽孔歷歷歷然大其隙光也又昧爽微明也一曰差也烈也猛也貴也又清快也古作㫘○昶丑兩切音與敞同通也明也又舒也○賞書兩切賞之言尚尚其功也賞以償之一曰玩也又嘉也○廣古晃切闊也大也闊也搖也又州名○搶此兩切突也又爭取也或作㩮○上時掌切升也登也自下而上又進也一云升上之上上上聲本在物上之上去聲○榜比朗切題榜又標榜○流丁朗切莽流大水一曰大澤一曰流瀁北方之露氣○朗盧黨切明也又月之明爲朗或作䀶○盎烏朗切盎也或作瓮○慷苦朗切或作忼慷慨竭誠也又感傷之意又倜儻也○蒼采朗切莽蒼之野謂草野之色一曰近郊之色又莽蒼寒狀

汰字

潒蠁繈簜盪駔𩦴蟒㟿𣉒塽漺䁁𦜁䠵

二十三梗

梗

○**梗** 古杏切音與頸同山枌榆有梗莢可爲薬莢又荒也塞也又撓害也病也又直也梗梗亮直又枝梗也又桔梗藥名 **骾** 食骨留咽中或作骾通作鯁 **哽** 語爲舌所介也又咽塞也史祝哽祝噎又哽咽悲塞也通作鯁 **綆** 汲井綆井索也關東謂之綆或謂之絡關西謂之繘又箪也或作統 **鯁** 魚骨也骨鯁亮直謂正言如骨之哽咽又忠鯁强鯁又端溪硯有龍巖汲鯁黃圍三石汲鯁無眼與鯁通用 **耿** 古幸切音與剄同介也不安也光也又耿耿小明心有所存不能忘貌又國名又姓 ○**丙** 兵永切位南方明協于丙又歲在丙名游兆一曰柔兆月在丙曰脩又丙穴地名又令甲令乙令丙又魚尾謂之丙 **怲** 怲怲憂也 **炳** 明也或作昞傳言炳丹青 **秉** 禾束也禾數百二十斤爲秅二秅爲秉四秉爲筥十筥曰稯十稯曰秅秅四百秉也又儀禮米數米斛爲筥十六斛爲秉一云盈手爲秉 **餅** 必郢切音

與丙同麪資方言餅謂之飳或謂之餦或謂之餛本作麪**屛**屛蔽也罘罳謂之屛又蕭墻也天子外屛諸侯內屛大夫以簾士以帷又圖屛籓屛又屛除屛棄

○**境**居影切界也本作竟境者疆土至此而竟也

儆戒也或作撤通作憼備也

警言之戒也寤也通作儆又警天子出稱蹕入稱警

景光也大也明也景行明德也又炤也像也今作景裝者非又景星德星也有赤方氣與青方氣相連赤方中有兩黃星青方中有一黃星三星合為景星又州名又姓

頸居郢切音與頸同頸莖也又繫頸延頸

○**靜**疾郢切丹青明審也又安也和也息也動靜之對又澄也無爲也寂也通作靖亦作靚亦通作竫

靚女容徐靚也史靚莊刻飾莊粉白黛黑也

靖細貌又安也又謀也書自獻自靖又東齊海岱之間謂思曰靖又州名

穽陷也本作阱坑也一曰穿地陷獸

○**憬**俱永切覺悟也又遠也

璟玉光也

○**杏**何梗切果也五沃之土其木宜杏又北杏地名銀杏果名

荇本作莕荇

之言行也蘋言賓藻言澡繁言盛或作蓱○猛莫杏切勇猛也又嚴也害也又威也暴也艋舴艋小舟○礦古猛切銅鐵樸石也本作磺或作鑛亦作⿰金卝卝周禮卝人獷悍也○幸胡耿切非所當得而得其不可免而免曰幸冀望得也又寵也御也愛也又巡幸又福喜之事皆稱爲幸或作㚔倖儌倖也一曰親也或作婞通作幸又佞倖○逞丑郢切通也楚謂疾行爲逞一曰快也又盡也矜而自呈也又不撿謂之不逞騁直馳也又馳騁走也○領良郢切項也理也又領緣也又統領也又承上令下謂之領又管領也又受也又凡衣要襘著項領處皆曰領又領袖要領項領嶺阪也山坡也又五嶺大庾始安臨賀桂陽揭陽陽通作領○穎庾頃切禾末也穎是禾穗之挺又錐穎鋒穎毛穎又秀穎德行洪也穎木名一曰錐柄一曰刀鐶一曰警枕通作穎刀之在手禾之秀穗枕之警動皆謂之爲穎○頃去穎切田百畝或作畮又俄頃之頃又頃刻通作頃褧襌穀也詩衣錦褧衣

○影於丙切物之陰影也本作昗、景從景嚮又倒影
氣去地四千里躡影秦良馬名又瀛州有影木
一葉百影　○省所景切禁署也本作宵或作閣漢書
或作渻　曰舊名禁中避元后諱改名省中言
入此中者皆當察視不可妄也又簡也又少也又中
書省曰紫薇省尚書省曰畫省粉省又黃門省紅蘭
省校書　○永于憬切水長也引也遠也遐也又
所也　州名唐置以二水名又雋永依永　○皿
眉永切　飯食之器用也　○打都冷切　寒
一云食器盤盂之屬　擊也　○冷魯猛切　也清甚也
又　毋耿切音與皿同　黽黿屬齊魯間　○整之郢
姓　○黽謂䵷黽為蟈黽耿黽也尤怒鳴聒人　切齊
也束之又小擊之　○郢以整切故楚都在　○井子郢
使正也又飭也　南郡江陵百十里　切伯
益作井又田九百畝為井又市井邑居為市野廬為
井市交易之處井共汲之所又卦名又南方宿名三
十三度八星若八家又東井宿名又井井　七靜
有條理貌又往來連屬貌又藻井又姓　○請切謁

也乞也求也問也祈也扣也又請給又漢請室請罪之室又造請 ○省 息井切視也又察也審也本作眚古作㫹又婁省晨省

汰字

蛃郱撇瘖眚囧蜢獷麵箳穎瘿晴箵

二十四迥

○梃 待鼎切一枝也杖也梃者獨也挺然勁直之貌陳吳奮其白梃 挺 直也挺出又持也又寬也月令挺重囚 莛 草莖也 艇 小船二百斛已上曰艇一云船小而長 鋌 銅鐵朴也金鋌也又箭鋌箭足入槀中者也 町 田踐處曰町言平訂訂也一云田區畔埒也詩町畽鹿場莊子無町畦或作圢鼑 ○鼎 三足兩耳和五味之寶器也又禹收九牧之金鑄鼎荊山之下又卦名又五鼎牛羊

豕魚麋又方也鼎盛鼎貴鼎來又鼐鼎太舒緩貌

頂 都挺切顚也或作顁孔子圩頂頂上窳也

酊 酩酊醉甚貌通作艼茗艼無所知

○**茗** 莫迥切茶晩取者或作槇

冥 暗也昏蔽也

酩 酩酊醉甚也或作佫偵

○**迥** 戶茗切遠也通作洞高迥清迥俗作迥非

炯 光也

泂 滄也詩泂酌彼行潦遠也

○**悻** 胡頂切很也本作婞又恚貌

涬 溟涬自然氣也又大水又混茫貌

○**謦** 去挺切謦欬聲也小曰謦大曰欬

濘 乃頂切水貌淵謂之濎濘一曰泥淖

○**醒** 蘇挺切醉寤也

○**褧** 口迥切亦作絅又作顈又作憬景皆嫁時在塗禪衣也

○**竝** 蒲迥切併也或作並比也皆也又叢也又相扶傍也

○**詗** 火迥切知處告言也又明悟了知也

○**檾** 弃鼎切肯檾結處也

○**熲** 古迥切光也

○**拯** 之庱切音與整同上舉也本作抍救也助也又援也或作拯亦作丞

○**等** 多肯也齊也類也比也輩也又等級也又候待也稱輕重也

○**肯** 苦等切筋肉會處曰

肯又可也詩惠
然肯來本作冐

汱字

脡頲脛剄冼慶

二十五有

○有 云九切傳月有食之月能掩日掩而有之之象
一曰質也有對無之稱又果也取也又也古作
𠂇 右 左右手之右人道尚右以右爲尊尊文曰右
文尊武曰右武莫能尚者亦曰無出其右 友
同志爲友友有相佐佑
之義又善於兄弟爲友 酉 與久切就也成熟也八月
季秋可爲酎酒飽也老也
太歲在酉曰作噩卯爲春門萬
物已出酉爲秋門萬物已入 牖 穿壁以木爲交窻
也古者一室一戸
一牖又道也向也又
開明也又戸牖地名 莠 今狗尾草根莠根
似禾穗莠似苗 誘 相訹呼
也導也

引也教也進也亦作䣱醹槱積木燎之也燎以祭天也或作梄琇玉名卣中尊也獻象之屬
○苟苟且草率也又誠也又與若同又但也又姓笱曲竹捕魚也狗叩也聲有節若叩物
犬未成毫曰狗長喙獫短喙猲長喙善獵短喙善吠以守或作猗又蒼狗雲色芻狗祭神所用耇古厚
切人老面黎若垢也耇老壽也枸本作椅椅乳若杞也一曰枸櫞也垢濁也一曰塵也或作坸
○紐女九切結也古選皇綱解紐史萬物紐牙於丑鈕印鼻也又鏡鼻弩鼻又姓皇帝六璽皆玉
螭虎鈕列侯丞相印章黃金龜鈕扭本作杻手械也狃犬性忕也又慣習也一曰忕驕也相押也
忸怩也○母莫厚切牧也懷子形一曰象乳形慕也嬰兒所慕也又禽獸之牝皆曰母又雲母石
名又齊郡函山有鳥足青翳赤黃素翼絳顙名王母使者拇將指也大拇為將指次頭指為鹽豉指將
指者為諸指之帥也畆本作畮秦制二百四十步為畆或作畞畝某酸果也从甘从木一曰某者未

定之位宅也一曰某名也臣諱君故曰某凡不知名者皆言某或作厶古作呆

牡 畜父也又門關鍵也又牡荊木名

○偶 五口切偶人刻木象人形又竝也對也又儷也合也又二也雙曰偶隻曰奇又匹也諧也適也然也通作耦

喁 相呼聲後者唱喁

耦 耒廣五寸爲伐二伐爲耦又二人爲一耦又射三耦六耦又千耦其耘

藕 芙渠根本作蕅一葉一華華葉常偶生故謂之藕藕生應月月生一節閏輒益一

○柳 戶久切本作桺柳葉狹長枝條長軟又杞柳葉蠹白色理微赤又櫸柳赤色細文一名天棘又柳八星天之廚宰南方朱鳥之宿又細柳地名又姓俗作柳非

罶 以薄爲魚笱者曰罶魚所留也古者惟寡婦家得爲梁以時取魚若遺秉滯穗之意

瀏 流清貌

懰 好也詩佼人懰兮或作嬼

○九 舉有切陽之變也象其屈曲究盡之形數也又究也又陽九四千五百歲爲一元一元之中陽戹五陰戹四陽旱陰水又云初入元百六歲有戹故曰百六之會

久 長久也

玖 石之次玉黑者

韭菜名一種而久生者也一名豐本䪥之美在白韭之美在黃皆惡其末之盛又堯韭菖蒲韭韭牡丹花

○**叟**蘇后切老也本作叜亦作傁傻

瞍無目也本作瞍矇瞍樂師

藪大澤也九州之藪揚州具區荊州雲夢豫州圃田青州孟諸兗州大野雍州弦蒲幽州奚養冀州揚紆并州昭餘祁又藪厚也又無水曰藪或作掫郊掫聚草也

籔漉米器一曰十六斗又簍也簍籔也

○**首**書九切頭也古作㫖又始也又魁帥也又孔子尼首首象尼丘中卜四方高也又貍首樂章䢦首船名鷁首秦分在末

守官守守成攻守執守主守在此韻太守之守去聲又神守鼈名

手手足之手又貪縱為非曰放手失棄本業曰游手古作𠂿

○**婦**房九切對姑曰婦服也服勤事也士妻曰婦服事于夫也又子之妻曰婦又好貌或作負又作媍

負恃也又受貸不償也一曰器也通作偩字从人从力从刀並非又任負擔負抱負

阜土山曰阜厚也言高厚也又通也盛也又曲阜地名或作𨸏又鍾阜建業山名○

缶方九切瓦器所以盛酒漿秦人否口不許也又不
擊之以節歌或作缻俗作缶非否臧也又獻否替
否旨否安否不鳥飛上翔○臼其久切古者掘地爲
臧否通作不不不下來也臼其後穿木石雍父
作咎災也从人各各者相違也天違人違舅母之兄
臼咎天下之事乖矣又愆也惡也過也弟曰舅
又妻之父爲外舅又夫之父○受殖酉切取上下相
亦曰舅舅之言舊尊長之稱受也一曰承也容
納也盛也又得也綬綬以貫佩玉丞相紫綬卿大夫
繼也又取也領也藻火綬御史大夫青綬二千石
以上緑綬亦曰艾綬壽久也壽考又○后胡豆切繼
邑宰墨綬縣尉黄綬年齒皆曰壽體君也君
后也書撫我則后又天子後先後前後之後又厚胡
妃曰后又川后水伯也然後語辭通作后口
切厚淺之厚又重也○瓿薄口切甌也培附婁小山
廣也又醲也古作垕小罌也甒也也本作附
小阜也蔀蔀蔀魚薺也又蔀鄣光明之物也又術家
或作嵜蔀推閏以閏餘一之歲爲蔀首七十二歲爲

一蔀二十蔀爲一紀○斗當口切斗者聚升之量又北斗七星又大斗古者罍取象于雷斗取象于斗或作豆豆區鍾釜豆音斗俗作𣁬蚪蝌蚪蟲一名活東一名懸針一名玄魚通作斗曰科斗字源云庖犧氏獲景龍作龍書炎帝因嘉禾作穗書蒼頡變古文作鳥跡篆少昊作鸞鳳書高陽作科斗書陡厓壁峭絕也本作阧通作斗○取此苟切獲也嗾使犬聲或作𠿾傳公嗾大獒趣促也又趣馬養馬之官○滫息有切久泔也滫瀡以滑之又溺其漸之滫或作𣻅亦作溲醙白酒也○剖普后切判也拆也又破也通作掊掊擊也○嘔烏后切吐也本作歐嘔傴也將有所吐脊曲傴也亦作欨歐本作毆以杖擊也毆擊字从殳或作支敲也今作文與歐吐字不同歐字从欠伸之欠○口苦后切人所以飲食也又口泄也言可舒泄言語也扣擊也或作叩問也又頰繁哀求之意又叩頭稽顙也亦作敂○糾居黝切繩三合也督也急也又絞也彈也又察也又

繚戾也又窈糾舒遲貌詩赳輕勁有材力也○蹂人九
其笠伊糾輕舉貌或作糺又赳赳勇也
切謂往來蹂踐揉矯揉曲直之○肘陟柳切臂節也
之也通作輮也揉方為圓寸口手腕動脈
處也一曰一肘二尺一曰一尺五寸為一肘許
四肘為一弓三百弓為一里或作肶通作膞○朽九
切腐也貫○醜昌九切音與丑同可惡也臭也如物
朽拉枯穢也又類也一曰竅也又齊比也或
作○糗去九切熬乾米麥也○丑救九切紐也十一
䊤又糗餌擣熬穀為之月萬物動用事象
手之形時加丑亦舉手時也○帚之九切音與肘同
又紐牙於丑歲在丑曰赤奮掃糞也从手持巾
掃內也古少康○酒子酉切酒為百藥之長少康作
作箕帚或作箒三酒一事酒二甘酒三清酒又
元酒明水也又祭酒官○溲所九切浸沃也或作○
名又酒泉地名在肅州溲又水調粉麵也
吼呼厚切牛鳴聲或作呴亦作○塿郎口切培塿小
呴吽又龍吼鯨吼雷吼獅吼阜也或作婁傳

〇走子苟切趨也本作𧺆疾行曰趨疾趨曰走史遷自稱牛馬謙稱也〇鯫仕垢切小人也又魚名

汰字

𨋍茆蟉杻紂羑郈枓玽彀甊黝

二十六寢

寢

〇沈式荏切國名汝南平輿縣北有沈亭又姓嬸俗謂叔母曰嬸審悉也本作宷能包覆審別之也又詳也熟究也諗深諫也告也謀也〇稔如甚切穀熟也又年也古人謂一年爲一稔荏荏白蘇桂荏紫蘇又荏菽胡豆也又荏苒猶侵尋也又柔弱也恁心所齋卑下也一曰思也念也衽衣衽也裳交接處又卧席一曰別言之則坐者爲席卧者爲衽合言之則衽亦席也〇廩力稔

切本作向古作稟穀藏曰倉米藏曰廩又米廩有虞氏之庠

懍懼貌又畏也又懍懍危也通作廩或作沁

凜凄清也

○寢七稔切卧也又室也天子所居曰路寢正朝也次燕寢次小寢又寢廟凡廟前曰殿後曰寢凡居室皆曰寢又陵寢園寢又息也古作寑

鋟爪刻也鋟板鏤板也

○噤渠飲切寒閉口也

凚寒極也鬪雞詩磔毛禁瘁

○朕直稔切我也古者上下共稱至秦始尊為天子之自稱

○踸丑甚切音與瀋同踸踔行無常貌或作跈莊一足跈踔而行

○枕章荏切臥所薦首者一云撿項也衾枕之枕上聲以首枕物去聲

○瀋昌枕切汁也左傳無備而官辦者猶拾瀋也或作沈記揄沈設攙

○甚常枕切劇過也又籍甚言很籍甚盛

○葚食忍切桑實或作黮椹

○錦居飲切襄色織文也襄雜也員嶠山有冰蠶霜覆之然後成繭五采後世効之染色絲織以為錦

○品丕飲切官品也又類也式也法也又量也又品格也又物件曰品

○稟

筆錦切賜穀也又與也供也給也受也又受命曰稟俗作禀非俗以白事爲稟古無此義○飲於錦切歠也本作歙飲食也又飲謂酒也○吟凝錦切噤吟頷頤貌

汰字

寑曋淰痒

二十七感

○禫徒感切除服祭名澹澹然平安之意萏菡萏荷花未發爲菡萏已發爲芙蓉本作藺又蔄華貌窞坎窞一曰坎中復有坎也一曰旁入也或作欿髧髧髮垂貌詩髧彼兩髦○淡薄味也淊淡水滿貌澹徒敢切音與禫同水貌啖噍啖也或作噉亦作啗又作餤憺安也恬憺又動也○頷五感切低頭也一曰點頭以應也或作頷假借之也憾恨也或作感撼搖也又動也通

作感欿欿然不足意一曰欲得也○菼雚之初生一曰薍一曰鵻初生爲菼長大爲薍成則名萑
又名鵻又蘆謂之葭其小曰萑荻謂之蒹其小曰葦其始生曰菼毯土敢切毛席織五采[illegible]帛騅
色染之如生菼色或作緂通作菼○嗿他感切聲也詩有嗿其饁醓血醢也醓醢以牛乾脯粱
麴鹽酒也周禮加籩之實○慘七感切毒也慼也愁恨也憯痛也一曰憎也或作朁史嚮應朁於
謗議○覽盧敢切觀也監臨也通作擥攬撮持也本作擥或作擥○糝桑感切以米和
羹也本作糂一曰粒也取牛羊豕肉三如一小切之與稻米二肉一合以爲餌煎之曰糝食或作糣[illegible]
○坎苦感切陷也險也小阱也又卦名又小罌謂之坎酒罇也或作埳亦作[illegible]臽○敢古覽
切進取也本作敢勇也犯也又忍爲也○膽都敢切連肝之府也府者六府也肝仁不忍故膽斷
恩仁者必有勇人怒無不色青是其效也○槧在敢切斷木爲槧削版牘也○闇烏敢切隱

晦貌○感古禫切動也感應格也觸也又諴也咸感

汱字

灨⿱雨泥⿰山敢昝轁欖鎮紞匳

二十八琰

○琰以冉切璧上起美色也琰之言剡銳利也圭剡炎也光炎起也又圭之銳上者剡上削令上銳也又利也又斬也又剡淡或作掞餤火行微餤餤也瀸瀲瀸水溢貌或作澰○奄衣撿切覆也大有餘也又忽也止也藏也取也遽也同也掩斂也閉取也一曰撫也止也遮也又乘其不備而覆之曰掩又撫掩循撫指謂慰恤也或作撿崦崦嵫山名日所入或作⿰山弇晻日無光也○慊苦簟切恨也一曰不滿也一曰愜也通作謙亦作嗛歉食不滿也又一穀不升曰歉一曰不足貌或作鎌通

作嗛史穀嗛未報 **嗛** 口有所銜也一曰鳥獸貯食 ○**冉** 本作冄冄弱也象毛細而下垂又冉冉行貌 **苒** 荏苒草盛貌一曰柔弱貌又荏苒猶侵尋也本作苒通作染 **染** 而琰切以繒染爲色又漸染驪染濡染又染指从九俗从先非 ○**斂** 良冉切收也又聚也又春夏曰發秋冬曰斂字从攴作攴俗作斂非 **瀲** 瀲灎水溢貌或作澰 ○**儉** 巨險切約也去奢從約謂之儉又少也饑饉也古作㑒 **芡** 南楚謂之雞頭北燕謂之葰青徐淮泗之間謂之芡一名鷄頭一名鴈頭一名鴻頭又芡葉向日蔆花背日又荷華日舒夜斂芡華晝合宵炕 ○**忝** 他玷切辱也累也 **餂** 鉤取也 ○**點** 多忝切小黑也又點晝又點注又更點 **玷** 玉病又缺也 ○**簟** 徒玷切竹席宋魏之間謂之笙或謂之蘧笛自關而西謂之簟或謂之䈽粗者謂之蘧篨 **扂** 戶牡也所以閉戶也 ○**險** 虛檢切阻難也危也巘險又深陷不可測也或作嶮 ○**貶** 方斂切損也又薾也抑也或作驗亦作[illegible]自卑貶謂

磐折也通作舁○颭職琰切風動物也又風蕩激也○广魚檢切因巖爲屋一曰棟頭曰广凡厇類如廳廡廊廡庠序等字皆从广○檢居奄切書函之蓋也下檢謂以玉爲撿束也一曰俗謂燕尾今世書表函又檢柙防範也今俗謂文書藁爲檢子又崖檢神檢○魘氣窒心懼而神亂則魘驚夢也○閃失冉切闚頭門中也又出門貌又譚避也○諂丑琰切諛也本作讇於文言臽爲諂一曰面從曰諛佞言曰諂○漸慈染切漸江今浙江也又漸久也進也稍也事之端先覩之始也又卦名○儼魚掩切昂頭也一曰好貌一曰恭也或作巗荀子嚴嚴兮其能欽己也通作巗

汰字

蘞譣玁隒檿黶襝陜頰渰剡

二十九豏

豏

○范防泛切草也又姓範本作笵法也竹簡書也古法有竹刑曰模也又規模曰笵以土曰型

以金曰鎔以木曰模以竹曰笵又常也式也又防範犯侵也干也僭也古作犯○檻胡黤切音

與豏同檻也一曰圈也古謂檻車又軒牕之下徛㯭曰閘以版曰軒曰檻又以檻禽獸故曰圈艦戰船

宋飛虎艦艦旁設四輪輪八檝日行千里濫泉正出詩觱沸濫泉○豏下斬切豆半生也喊

怒聲又喊聲揚于易牙能喊○黯乙減切深黲色又傷別貌○減古斬切損也減耗也从水

○闞虎檻切虎聲也虓闞○湛徒減切沒也又水貌又安也一曰湛水豫州浸又澄也澹也又

湛湛露貌○摻所斬切取也一曰執也擥也○斬側減切截車裂也又盡也

汰字

獫黶轞鹻